Frühchristliche Märtyrerakten

)THEK DER
HENVÄTER

IRISTLICHE
RERAKTEN

n und eingeleitet von
chat und Michael Tilly

marixverlag

Neu gesetzte und überarbeitete Ausgabe für
Marix Verlag GmbH, Wiesbaden 2006
nach der Ausgabe Kempten und München 1913
Covergestaltung: Thomas Jarzina, Köln
Bildnachweis: bridgeman art library, Berlin
Satz und Überarbeitung: Pinkuin Satz und Datentechnik, Berlin
Gesamtherstellung: GGP Media GmbH, Pößneck
Printed in Germany

ISBN-10: 3-86539-105-2
ISBN-13: 978-3-86539-105-6

www.marixverlag.de

Inhalt

Vorwort

»Keinen Weg, keine Straße, keine Gasse konnten wir gehen, weder bei Nacht noch bei Tag, denn immer und überall schrie man: ›Wer die lästerlichen Worte nicht mitsingt, den muß man sogleich fortschleppen und verbrennen‹« (Eusebius, Kirchengeschichte VI 41, 8).

Mit diesen Worten blickt der Kirchenhistoriker Eusebius von Caesarea im vierten Jahrhundert auf die mit der intensiven Förderung des Christentums durch Kaiser Konstantin soeben zu Ende gegangene Epoche zurück, in der die Christen im römischen Machtbereich wiederholt grausamen und blutigen Verfolgungen ausgesetzt waren. Nicht durchgängig, aber immer wieder kam es während dieser Zeit vor, daß, wie von Eusebius hier überaus drastisch geschildert, eine entfesselte Menschenmenge Angehörige der

örtlichen christlichen Gemeinde, deren Le-
bensgestaltung vermeintlich oder tatsächlich nicht konform war mit den allgemein
anerkannten Verhaltensweisen und Normen
der nichtchristlichen Mehrheitsgesellschaft,
nicht nur massiv bedrohte, sondern auch einige von ihnen ergriff und kurzen Prozeß
mit ihnen machte. Abgesehen von solchen
sporadischen und unsystematischen Fäl-
len lokaler Gewaltaktionen und spontaner
Lynchmorde gab es in frühchristlicher Zeit
auch ein ganz reguläres Verfahren gegen
Männer und Frauen, die in dem Verdacht
standen, Christen zu sein. Entwickelt wurde
dieses Verfahren, als der kaiserliche Statthalter Plinius zu Beginn des zweiten Jahr-
hunderts in die römische Provinz Bithynien-
Pontus am Schwarzen Meer entsandt wurde,
um dort gegen Aufrührer vorzugehen und
für Ruhe und Ordnung zu sorgen, und während seines Einschreitens zufällig auch einige Christen aufgriff. Da er nicht so recht
wußte, ob schon das Christsein allein einen
Straftatbestand darstellte, verlangte er von
ihnen, ein öffentliches Opfer für die Götter oder eine Ehrerbietung gegenüber dem

römischen Kaiser zu leisten, womit sie sich von dem Verdacht der Illoyalität befreien könnten. Der Kaiser Trajan (98–117) billigte diese Vorgehensweise seines Statthalters, wollte jedoch keine anonymen Anzeigen gegen Christen zulassen (Plinius [d.J.] Ep. X, 96 und 97). In religiösen Fragen war das (tatsächlich enorm heterogene) römische Kaiserreich schon von jeher – und notwendigerweise – tolerant; von der Bewohnern der unterworfenen Gebiete wurde lediglich verlangt, den unsterblichen Göttern, die Rom in der Vergangenheit groß gemacht hatten, es bis zur Gegenwart in diesem heilvollen und ruhmreichen Zustand erhielten und auch in Zukunft schützen und bewahren sollten, ebenso wie dem Genius des Kaisers als der lebendigen Verkörperung dieses Anspruchs, durch rituell festgelegte Handlungen den nötigen Respekt zu erweisen. Angesichts der immer drängender werdenden außen- und innenpolitischen Schwierigkeiten Roms sah sich Kaiser Decius (249–251) dann im dritten Jahrhundert genötigt, von jedem Einwohner im Reich ein solches Opfer zu fordern, um sich des göttlichen

Schutzes zu versichern. Erst Kaiser Valerian (253–260) und schließlich noch einmal Kaiser Diocletian (284–305) instrumentalisierten das allgemein vorgeschriebene Opfer, um die Christen durch diese provozierte Entscheidungssituation gezielt aufzuspüren und dementsprechend zu bekämpfen.

Das literarische Genus der frühen Märtyrerakten nimmt die hier kurz skizzierte rechtliche Vorgehensweise formal auf und stellt zunächst einmal – ganz analog zu Gerichtsprotokollen – dar, wie ein einzelner oder auch mehrere angeklagte Christen vor den örtlichen Statthalter geführt werden, um die geforderte Opferhandlung zu vollziehen. Darauf, daß die Christen von Seiten der Statthalter nicht aktiv aufgespürt und gesucht werden, wird in einigen Akten sogar ausdrücklich hingewiesen. Nach allem, was wir heute wissen, haben sich viele Christen in dieser überaus bedrohlichen Situation offenbar dem obrigkeitlichen Druck nicht widersetzt und geopfert, worauf sie wieder ihre Freiheit erlangten. Doch die Christen der Märtyrerakten werden gegenüber der feindlichen staatlichen Macht als außergewöhnlich standhaft beschrieben; sie verweigerten die geforderten Ehrerbietungen gegenüber den Göttern und dem Kaiser und sie mußten dafür schließlich mit ihrem Leben bezahlen. Demgegenüber werden die römischen Statthalter deshalb bisweilen so dargestellt, als ob vor allem sie es waren, die sich nach Kräften um die Freilassung der angeklagten Christen bemüht hätten. Beispielsweise gaben sie den Angeklagten unaufgefordert noch einmal eine längere Bedenkzeit und versuchten so, die angeklagten Christen mit allen Mitteln dazu zu überreden, sich letztendlich doch noch gesellschaftskonform zu verhalten und das geforderte Opfer zu vollziehen. Damit werden die Statthalter gleichsam zu Symbolfiguren für das generelle Unverständnis, das die Zeitgenossen der christlichen Minderheit entgegenbrachten, wenn diese darauf insistierten, für die Wahrheit ihres Glauben zu leiden und in den Tod zu gehen. Wie befremdlich und eigenartig das Verhalten der Christen auf Menschen dieser Epoche wirken mußte, macht etwa der römische Kaiser Marc Aurel (161–180) deutlich, der den christlichen Drang nach dem Tod vollkommen unverständlich und geradezu widersinnig findet und ihn deshalb starrsinnig und »theatralisch« nennt. Statt unbegründet in den Tod zu gehen, sollten die Christen lieber eine vernünftige und ernsthafte Entscheidung treffen, die dann auch andere Menschen überzeugen könne (In semet ipsum 11, 3).

Seit dem zweiten Jahrhundert fand der griechische Begriff μάρτυς (»Zeuge«) in Engführung seines ursprünglichen semantischen Gehaltes nahezu ausschließlich für solche christlichen Glaubenshelden Verwendung, die wegen ihrer standhaften Überzeugung gefoltert und hingerichtet wurden. Ihr drastisch und phantasievoll geschildertes Leiden und Sterben um ihres Glaubens willen wurde als μαρτύριον (lat.: *Martyrium*), als »Zeugnis« bezeichnet. Im christlichen Märtyrerbegriff fließen verschiedene Traditionen zusammen: Aus dem nachexilischen antiken Judentum stammen die Vorstellung vom leidenden Geschick der Propheten Israels als wegen ihrer Verkündigung vom sündhaften Volk verfolgter treuer und gerechter Glaubenszeugen und auch die literarisch ausgearbeiteten Zeugnisse der unbedingten Treue der jüdischen Frommen gegenüber der Tora während der traumatischen Verfolgungserfahrungen der Seleukidenzeit (vgl. 1 Makk. 1,41–64; 2 Makk. 6,18–31; 7,1–42; 4 Makk. *passim*). Aus dem Bereich der antiken Popularphilosophie stammt die Vorstellung von der konsequenten Weltverachtung und vom standhaften Gleichmut des wahren Philosophen oder Staatsmannes, der wie Sokrates die Wahrheit dessen, was er lehrt, für wichtiger erachtet als sein eigenes Leben (Plato, Apol. 28 DE; 29 D; 32 CD; 33 AC; vgl. Epiktet, Diss. III, 26, 28). Vor allem aber ist der christliche Märtyrer »Zeuge« des gekreuzigten und auferstandenen Jesus Christus in der tätigen Schicksalsnachfolge, die ihn angesichts des erwarteten Heranbrechens des Gottesreiches nicht nur mit seinem öffentlichen Bekenntnis der Wahrheit, sondern auch mit seiner Passion, seinem Leiden und Sterben verbindet (vgl. Apg. 7,55–58; 12,1–3; Apk. 1,9).

In den frühchristlichen Märtyrerberichten, die eine Vielzahl von literarischen Formen und Motiven der Umwelt aufnehmen, begegnen Anhänger des christlichen Glaubens, die sich vollständig aus den Verstrickungen in dieser gegenwärtige Welt und Wirklichkeit gelöst haben und mit dem zentralen und alles entscheidenden Satz: »Ich bin Christ!« nicht nur ihre Überzeugungstreue und ihre Auferweckungshoffnung demonstrierten, sondern auch den prinzipiellen Abstand zu ihrer paganen Umwelt in aller Deutlichkeit zu markieren beabsichtigten. Es ist anzunehmen, daß diese Standhaftigkeit auch manche Außenstehende dazu bewog, das Christentum ernstzunehmen. In einigen Märtyrerakten verteidigen sich die Verurteilten noch kurz vor ihrem Tod und versuchen, andere für ihren Glauben zu gewinnen; in anderen Akten werden sie in paränetischer Absicht bisweilen so stark als die eigentlichen und idealen Jünger Jesu Christi und seine würdigen Nachfolgerinnen und Nachfolger gezeichnet, daß die Abgrenzung zur jüngeren literarischen Form der Heiligenvita bisweilen schwerfällt.

Die Verehrung der Märtyrer als heroischer Exempla des christlichen Glaubens und Handelns nahm damit auch über die eigentliche Verfolgungszeit hinaus einen überaus wichtigen Platz im kulturellen Gedächtnis des Christentums ein. Die Errichtung von Kultstätten über den Gräbern der in ihrem Glauben vorbildhaften Märtyrer und Märtyrerinnen und die feierliche Verlesung ihrer Leidensgeschichte aus den Akten hielt in den lokalen Gemeinden die erbauliche und zugleich identitätstiftende Erinnerung an sie auch in der reichskirchlichen Zeit weiterhin wach und ließ sie von hier aus zu überregionalen Vorbildern im standhaften Glauben werden, an die man sich seit dem vierten Jahrhundert schließlich im Gebet mit der Bitte um Fürsprache wandte. Der christliche Märtyrer wurde zum Prototyp des Heiligen.

Bei aufmerksamer Lektüre kann man den Darstellungen der frühchristlichen Märtyrerakten zudem eine Fülle von wichtigen und interessanten Informationen über das ideale und das tatsächliche religiöse Leben, die Rechtsprechung und das Gefängniswesen, frühchristliche Judenfeindschaft, die Rolle der Frau und andere Aspekte des ganz alltäglichen Lebens insbesondere in den Städten im Osten des römischen Reiches entnehmen.

Ihnen verdanken wir zudem viele wertvolle Hinweise auf das Selbstverständnis und die verschiedenen Organisationsformen der lokalen christlichen Gemeinden, die keineswegs an allen Orten gleich waren. Insbesondere das Verhältnis zwischen den Bischöfen und denjenigen, die für ihren Glauben litten, scheint nicht immer ganz einfach und konfliktfrei gewesen zu sein, wie wir z. B. aus dem Bericht der Perpetua erfahren können. Keineswegs nur nebenbei hören wir auch von vielfältigen innergemeindlichen Spannungen, Streitigkeiten und Auseinandersetzungen, die das vielgestaltige frühe Christentum geprägt haben. Gerade die Frage, ob sich ein Christ der staatlichen Gewalt selbst ausliefern dürfe, war heftig umstritten, wie etwa die abschätzige Schilderung des Phrygiers Quintus im Martyrium des Polycarp zeigt, der sich zunächst nach dem Martyrium gedrängt hatte, aber schon bald zum geforderten Opfer überredet werden konnte (Polyc. 4).

Die frühchristlichen Märtyrerakten zeichnen somit nicht nur ein anschauliches Bild vom Leiden und Sterben exemplarischer und nachahmenswerter Glaubensgrößen, sondern geben auch höchst interessante Einblicke in die Lebens- und Denkwelten der frühen Christen in ihrem unmittelbaren städtischen Lebensumfeld. In der vorliegenden Neuausgabe ist der von Gerhard Rauschen übersetzte und mit einer Einleitung versehene Text der Seiten 291–369 des Bandes 14 der »Bibliothek der Kirchenväter« aus dem Jahre 1913 abgedruckt. Die Rechtschreibung und die Fußnoten zum Text wurden behutsam aktualisiert.

Berlin und Mainz, im Juli 2006
Katharina Greschat und Michael Tilly

Vorbemerkungen

1. Berichte über die Verhöre und Leiden der christlichen Blutzeugen haben von jeher auf das gläubige Gemüt einen besondern Zauber ausgeübt. In den ersten Jahrhunderten wurden sie bei der gottesdienstlichen Feier, die an den Jahrestagen des Todes der Märtyrer an ihrer Begräbnisstätte abgehalten zu werden pflegte, vorgelesen [1]. Die echten, d. h. schon zur Zeit des Todes der Märtyrer entstandenen, Acta martyrum sind zweifacher Art; die einen sind amtliche Protokolle, die von staatlichen Gerichtschreibern aufgenommen und dann von den Christen zum Zweck der erbaulichen Lektüre mit Einleitung und Schluß versehen worden sind; die andern sind private Aufzeichnungen christlicher Augen- und Ohrenzeugen. Aber die meisten Märtyrerakten der altchristlichen Zeit, z. B. die der römischen Märtyrinnen Agnes, Cäcilia und Felicitas,

1 Acta ss. Perpetuae et Felic. c. 1 u. 21.

auch des Apostelschülers Ignatius, sind n i c h t
e c h t. Einzelne von ihnen beruhen vollständig
auf freier Erfindung, andere sind spätere Er-
weiterungen oder Ausschmückungen einfacher
älterer Berichte, religiöse Romane, aus denen
der glaubwürdige geschichtliche Kern nur mit
Mühe herausgeschält werden kann.

Die größte S a m m l u n g   v o n   M ä r t y r e r -
a k t e n und von Heiligenleben überhaupt sind
die A c t a   s a n c t o r u m   d e r   B o l l a n d i s t e n,
im Jahre 1643 von P. Bolland S. J. zu Antwer-
pen begonnen und von anderen Vätern der Ge-
sellschaft Jesu fortgeführt; das Werk ist nach Mo-
naten geordnet und schließt augenblicklich mit
dem dritten Novemberband (zusammen 64 Foli-
anten). Eine kritische Auswahl der besten älteren
Märtyrerakten lieferte der berühmte Mauriner
R u i n a r t: Acta primorum martyrum sincera
et selecta, Paris 1689, zuletzt aufgelegt Regens-
burg 1859; das Werk wurde auch i n s   D e u t -
s c h e   ü b e r s e t z t: Echte und ausgewählte Akten
der ersten Märtyrer, gesammelt von Theodorich
Ruinart, 6 Bändchen, Wien 1831. Eine kleinere
Sammlung veranstaltete v o n   G e b h a r d t: Aus-
gewählte Märtyrerakten, Berlin 1902. Die besten
Untersuchungen über die alten Märtyrerakten

veröffentliche der Bollandist De l e h a ye: Les légendes hagiographiques, Brüssel 1905, deutsch übersetzt von S t ü c k e l b e r g, Kempten 1907.

2. Die w i c h t i g s t e n von den echten Märty-rerakten der ältesten Zeit sind folgende:

a) M a r t y r i u m des h l. Po l y k a r p. Es wurde gleich nach dem Tod des Heiligen (22. Februar 156) verfaßt und trägt die Aufschrift: »Die Kirche Gottes zu Smyrna an die Kirche Gottes zu Philomelium und an sämtliche Gemeinden der heiligen und katholischen Kirche allerorten«. Der Text hat sicher später am Ende Zusätze erhalten (c. 22), vielleicht auch noch an anderen Stellen[1].

Herausgegeben wurde dieses Martyrium im griechischen Urtext mit lateinischer Übersetzung von F u n k, Patres apostolici, 1. Bd., 2. Aufl., Tübingen 1901, 315–345, und von R a u s c h e n, Florilegium patristicum, 1. Heft, Bonn 1904, 39–59.

---

1 Vgl. H. M ü l l e r, Aus der Überlieferungsgeschichte des Polykarp-Martyriums, Paderborn 1908; für die völlige Unversehrtheit trat ein S e p p, Das Martyrium Polycarpi, Regensburg 1911.

*b) Martyrium des hl. Justin und sei-
ner Genossen. Der Apologet Justin wurde
mit sechs andern Christen zu Rom auf Befehl des
Stadtpräfekten Junius Rustikus, dessen Amtszeit
163–167 war, seines Glaubens wegen enthauptet. Der kurze Bericht darüber gibt zweifellos,
abgesehen von Anfang und Schluß, das amtliche
Protokoll wieder.*

*Der griechische Text wurde mit latein. Über-
setzung unter den Werken Justins gedruckt, z. B.
von Migne, Patrol. graeca VI 1565–1572,
und von Otto, Corpus apologetarum III, Jena
1879, 266–279; außerdem bei Rauschen,
Flor. patr., 3. Heft, Bonn 1905, 97–103.*

*c) Martyrium der hl. Karpus, Papy-
lus und Agathonike. Wie man gewöhnlich annimmt, unter Mark Aurel und zwar in
den Jahren 161–169, wahrscheinlicher aber in
der Decischen Verfolgung*[1]*, wurden zu Perga-*

---

1 Aubé und Duchesne hatten dieses Martyrium in die Zeit
des Decius versetzt. Harnack (a. a. O.) rückte es in die
ersten Jahre der Regierung Mark Aurels hinauf. Daß aber
seine Beweise in keiner Weise zwingende sind und die
Zeit des Decius gar nicht ausgeschlossen ist, zeigte Gui-
bert in der Revue des Questions historiques 1908, Bd. I
5–23. Mir erscheint die Zeit des Decius wahrscheinlicher;

mum in Kleinasien der Bischof Karpus und der Diakon Papylus nach standhaftem Bekenntnis zum Feuertode verurteilt; die beim Scheiterhaufen stehende Christin Agathonike stürzte sich freiwillig in die Flammen. Der sehr schlichte und ergreifende Bericht darüber, der sicher von einem Augenzeugen herrührt, wurde zuerst im Jahre 1881 von Aubé aus einer Pariser Handschrift veröffentlicht.

Ausgaben: von *Aubé* in der Revue archéologique, Bd. 42, Paris 1881, 348–360; von *Harnack* in den Texten und Untersuchungen, 3. Bd., Hefte 3–4, Leipzig 1888, 435–465; von *Rauschen*, Flor. patr., 3. Heft, 89–96.

d) Das Leiden der Scilitanischen Märtyrer. Die ersten afrikanischen Märtyrer waren sechs Leute aus Scili in Numidien, die am 17. Juli 180 zu Karthago von dem Prokonsul Saturninus zum Tode verurteilt und enthauptet wurden. Ihr Verhör ist in griechischer und lateinischer Sprache erhalten; der kürzeste und älteste lateinische Text, der unverkennbar den

---

Eusebius schließt dieses Martyrium an das des Pionius an, das der Zeit der decischen Verfolgung angehört.

*Wortlaut des amtlichen gerichtlichen Protokol-
les wiedergibt, wurde erst im Jahre 1889 von
den Bollandisten und noch besser im Jahre 1891
von dem Engländer Robinson nach einer Handschrift des Britischen Museums veröffentlicht.
Es ist das älteste datierte lateinische Aktenstück
kirchlichen Inhaltes, das wir besitzen.*

*Ausgaben des lateinischen Textes: in den
Analecta Bollandiana, 8. Bd., Brüssel 1889,
5–8; von Robinson in den Texts and Studies,
1. Bd., 2. Teil, Cambridge 1891, 104–121; von
Rauschen, Flor. patr., 3. Heft, 104–106.*

*e) Martyrium des hl. Apollonius. Eu-
sebius erzählt (h. e. V 21): Unter Kaiser Kommodus (180 bis 192) sei ein hochgebildeter Christ
mit Namen Apollonius von dem Gardepräfekten
Perennis in Rom angeklagt worden; er habe sich
in einer sehr beredten Apologie vor dem Senat
verteidigt und sei dann nach einem Senatsbe-
schluss enthauptet worden. Unter der Apologie,
von der Eusebius spricht, sind ohne Zweifel die
Antworten des Angeklagten auf die Fragen des
Richters Perennis zu verstehen, die kürzlich
aufgefunden worden sind; im Jahre 1893 fand
nämlich Conybeare ein kürzeres armenisches*

»*Martyrium des hl. Apollonius*«, *und zwei Jahre später entdeckten* d i e B o l l a n d i s t e n *eine längere griechische Rezension desselben Martyriums. Die Antworten des Märtyrers, wie sie am kürzesten in der armenischen Übersetzung vorliegen, sind ohne Zweifel aus den amtlichen römischen Acta praefectoria geflossen. Harnack hält diese Antworten für* »d i e v o r n e h m s t e A p o l o g i e d e s C h r i s t e n t u m s, *die wir aus dem Altertum haben«. Mit Festigkeit, Würde und Freimut legt hier Apollonius die Torheit des Heidentums und die Erhabenheit der christlichen Glaubens- und Sittenlehre dar.*

D e r g r i e c h i s c h e T e x t w u r d e z u e r s t h e r a u s g e g e b e n in den Analecta Bollandiana, 14. Band, Brüssel 1895, 284-295, dann in deutscher Übersetzung nebst einer deutschen Übersetzung des armenischen Textes und mit schönem Kommentar von K l e t t e *in den Texten und Untersuchungen, 15. Band, 2. Heft, Leipzig 1897, 91 ff. Griechisch edierten das Martyrium auch* M a x, *Prinz von Sachsen, Der hl. Märtyrer Apollonius von Rom, Mainz 1903, und* R a u s c h e n, *Flor. pair., 3. Heft, S. 69–88. Über die rechtliche Seite des Apolloniusprozesses, die manches Überraschende bietet, siehe* K l e t t e *a. a. O. und C a l l e w a e r t in der Revue des questions historiques, Paris 1905, 353–375.*

f) D i e   A k t e n   d e r   h l .   P e r p e t u a   u n d Felicitas. Am 7. März 203 (oder 202) erlitten in Afrika, wahrscheinlich in Karthago, fünf Katechumenen den Martertod, nämlich die vornehme Perpetua, die Sklavin Felicitas und drei Männer. Über ihre letzten Lebenstage haben wir einen schönen Bericht, der von Augenzeugen herrührt, eine Perle unter den alten Märtyrerakten; der Verfasser ist wahrscheinlich Tertullian[1]. Dieser Bericht wurde noch zur Zeit des hl. Augustinus am Gedächtnistag der Märtyrer in der Kirche zu Hippo vorgelesen[2]. Außer dem lateinischen Original ist auch eine alte griechische Übersetzung erhalten.

S p e z i a l a u s g a b e n dieses Martyriums: von M i g n e , Patr. lat. III 13–60, und besonders von P. F r a n c h i   d e   C a v a l i e r i , La passio ss. Perpet. et Felic., in der Römischen Quartalschrift, Supplementheft 5, Rom 1896. Eine gute Besprechung dieser Akten bei Neumann, Der rö-

---

1 Vgl. d'Alès, L'auteur de la Passio Perpetuae, in der Revue d'histoire ecclésiastique 1907, 5–18.
2 Aug. sermo 280–282.

mische Staat und die allgemeine Kirche, Leipzig 1890, 171–176.

g) Die Akten des hl. Pionius und seiner Genossen. In der Verfolgung des Decius (250), nicht, wie Eusebius anzugeben scheint (h. e. IV 15, 46 f.), unter Mark Aurel[1]*, litt in Smyrna der hl. Pionius mit anderen Christen. Der Bericht darüber liegt uns am reinsten in einer alten lateinischen Übersetzung vor; der griechische Text, wie er jetzt lautet, ist nicht frei von späteren Zusätzen.*

Die lateinische Übersetzung wurde gedruckt von R u i n a r t in seinen Acta martyrtum. Den griechischen Text hat erst v o n G e b h a r d t veröffentlicht: »Das Martyrium des hl. Pionius aus dem cod. Ven. Marc. 359 zum erstenmal herausgegeben«, im Archiv für slavische Philologie 1896, 156–171, auch in seinen Acta martyrum 1902, 96–114.

---

1 Daß das Martyrium des Pionius unter Decius geschehen ist, wird nicht nur im griechischen Text der Akten gesagt, sondern geht ganz klar aus Kap. 3 derselben hervor, wo der Märtyrer es den Juden gegenüber zu erklären versucht, daß so viele Christen freiwillig oder gezwungen sich zum Opfern bereitgefunden haben.

h) Die prokonsularischen Akten des hl. Cyprian. Unter Kaiser Valerian am 14. September 258 wurde Bischof Cyprian von Karthago vom Prokonsul Galerius Maximus zum Tode mit dem Schwert verurteilt. Die Vollstreckung dieses Urteils geschah an demselben Tag auf einem Landgut des Prokonsuls, nahe bei der Stadt. Cyprian legte selbst seine Kleider ab, befahl seinen Begleitern, dem Scharfrichter 25 Goldstücke auszuzahlen, und ließ sich dann die Augen verbinden. Die Gläubigen breiteten linnene Tücher aus, um sein Blut aufzufangen; den Leichnam begruben sie in der Nacht auf einem benachbarten Grundstück. Die erhaltenen Akten sind zweifellos echt; sie lassen, wie die der Scilitanischen Märtyrer, nur die Tatsachen reden und werden schon in der Lebensbeschreibung Cyprians, die dessen Diakon und Begleiter Pontius gleich nach seinem Tode verfaßte, (c. 11) erwähnt.

Die Akten finden sich gedruckt auch in den Ausgaben der Werke Cyprians, z.B. bei Hartel, Bd. 3, Wien 1871, S. CX–CXIV. Vgl. Monceaux. Histoire littéraire de l'Afrique chrétienne 11 (1902), 179–190.

Martyrium
des heiligen Polykarp[1]

---

1 Über diesen Märtyrerbericht, der von allen uns erhaltenen der älteste ist, vgl. oben S. 21.

*Die Kirche Gottes zu Smyrna an die Kirche
Gottes zu Philomelium[1] und an alle Gemeinden
der heiligen und katholischen Kirche allerorten.
Erbarmung, Friede und Liebe Gottes des Vaters
und unseres Herrn Jesus Christus mögen euch
in Fülle zuteil werden[2].*

1 Die Einwohner dieser Stadt (heute Akscheher) an der
  Ostgrenze Phrygiens hatten die Smyrnäer um einen Bericht über den Martertod ihres Bischofs gebeten (c. 21, 1).
2 Vgl. Jud. 2.

1.

Wir schreiben euch, Brüder, über das, was sich zugetragen hat mit den Märtyrern und besonders mit dem seligen Polykarp, der durch sein Zeugnis der Verfolgung gleichsam das Siegel aufgedrückt und ein Ende gemacht hat. Denn beinahe alles, was vorherging, geschah, damit uns der Herr noch einmal das Schauspiel des Martyriums, wie es im Evangelium erzählt ist, vor Augen führe[1]. Denn er wartete, bis er ausgeliefert wurde, wie auch der Herr, damit auch wir seine Nachahmer werden, *indem wir nicht nur unser eigenes Wohl, sondern auch das des Nächsten im Auge haben*[2]. Denn es ist ein Zeichen wahrer und starker Liebe, wenn man

1 Der Verfasser dieses Berichtes ist von dem Gedanken beherrscht, daß das Leiden des Polykarp ganz ähnlich dem des Herrn im Evangelium ist, und sucht das im einzelnen nachzuweisen.
2 Phil. 2, 4.

nicht nur sich selbst, sondern auch alle seine
Brüder retten will.

2.

Segensreich und ehrenvoll waren alle Martyrien, wenn sie nach Gottes Willen geschahen; denn wenn wir gottesfürchtig sind, müssen wir Gott die Macht über alles zuschreiben. Wer nämlich sollte nicht ihren Edelsinn, ihre Ausdauer und ihre Liebe zum Herrn bewundern? Zerfleischt mit Geißeln derart, daß man bis auf die Adern und Blutgefäße in ihrem Inneren den Bau ihres Leibes sehen konnte, hielten sie aus; selbst die Zuschauer wurden von Mitleid ergriffen und weinten; sie selbst aber schwangen sich zu einer solchen Höhe der Seelenstärke auf, daß keiner von ihnen schrie oder stöhnte, und lieferten uns allen damit den Beweis, daß die edelmütigen Märtyrer Christi in der Stunde der Peinigung fern vom Fleische weilten, oder besser gesagt, daß der Herr bei ihnen stand und ihnen zuredete. Indem sie ihren Sinn auf Christi Gnade hin richteten, verachteten sie die irdischen Martern und kauften sich so durch Leiden e i n e r Stunde von ewiger Strafe los. Das Feuer der rohen Henker erschien ihnen als Kühlung; denn sie hatten nur den einen Gedanken, dem ewigen Feuer zu entrinnen, das nie erlischt, und sahen mit den Augen des Geistes auf die Güter, welche den Ausharrenden hinterlegt sind, die *kein Ohr gehört, kein Auge gesehen hat und die in keines Menschen Herz gedrungen sind*[1]; ihnen aber wurden sie vom Herrn gezeigt, da sie ja nicht mehr Menschen, sondern bereits Engel waren. In gleicher Weise ertrugen sie auch, zu den wilden Tieren verurteilt, gräßliche Qualen; sie wurden über Muscheln gewälzt und auf allerlei andere Art mißhandelt; auf diese Weise wollte der Tyrann sie, wenn es möglich wäre, durch die lange Dauer der Peinigung zur Ableugnung (Christi) bewegen.

1 1 Kor. 2, 9.

3.

Vieles ersann der Teufel gegen sie; aber, Gott sei Dank! gegen alle war er ohnmächtig. Denn der edle G e r m a n i k u s stärkte ihre Schwäche durch seine Standhaftigkeit. Er kämpfte in hervorragender Weise mit den wilden Tieren. Als ihn der Prokonsul[1] überreden wollte und sagte, er habe Mitleid mit seinem Alter, reizte er das Tier gewaltsam gegen sich, damit er um so schneller von diesem gottlosen und ungerechten Leben befreit werde. Da geriet das ganze Volk in Entsetzen über den Heldenmut der gottliebenden und gottesfürchtigen Sekte der Christen und schrie: Weg mit den Gottlosen, man suche den Polykarp!

1 So hießen in der Kaiserzeit die Statthalter der senatorischen Provinzen, also besonders in Nordafrika und Kleinasien.

4.

Einer aber, ein Phrygier namens Q u i n -
t u s, der eben aus Phrygien hergekom-
men war[1], geriet in Angst beim Anblick der
Bestien. Gerade er war es, der sich freiwillig
dem Gericht gestellt und auch einige andere
dazu veranlaßt hatte. Ihn bewog der Prokonsul durch wiederholtes Zureden zu schwören[2] und zu opfern. Darum, Brüder, loben
wir nicht die, welche sich selbst darbieten;
so lehrt auch nicht das Evangelium[3].

1 Phrygien war gerade in jener Zeit der Ausgangspunkt
  des schwärmerischen Montanismus.
2 Entweder zu schwören bei der Glücksgöttin des Kaisers
  oder den Glauben abzuschwören.
3 Matth. 10, 23.

5.

Der bewunderungswürdige Polykarp aber
erschrak nicht, als er davon[1] hörte, und
wollte zunächst in der Stadt bleiben; aber
die Mehrzahl überredete ihn zur Flucht. Da
zog er sich auf ein Landgut zurück, das nahe
bei der Stadt lag, und hielt sich dort mit
einigen wenigen auf, ohne Tag und Nacht
etwas anderes zu tun als zu beten für alle
Menschen und für die Kirchen der ganzen
Welt, wie er es gewohnt war. Und als er so
betete, hatte er drei Tage vor seiner Gefangennahme ein Gesicht. Er sah sein Kopfkissen von Feuer ergriffen; da wandte er sich
an seine Umgebung und sprach prophetisch:
»Ich muß lebendig verbrannt werden.«

1 Nämlich von dem Verlangen des Volkes.

6.

Da man die Nachforschungen nach ihm eifrig fortsetzte, flüchtete er sich in ein anderes Landhaus, und sofort waren die, welche ihn suchten, ihm auf der Spur. Und als sie ihn nicht fanden, ergriffen sie zwei junge Sklaven, von denen einer auf der Folter bekannte. Es war nämlich unmöglich, daß er verborgen blieb, da die, welche ihn verrieten, seine Hausgenossen waren[1]. Der Irenarch[2], der denselben Namen[3] Herodes trug, beeilte sich, ihn in die Rennbahn zu bringen, damit jener seine

1 Der Verf. denkt an Matth. 10, 36: Die Feinde des Menschen sind seine Hausgenossen.
2 Die Irenarchen, die vom Statthalter der Provinz für die einzelnen Städte ernannt wurden, hatten als Polizeipräsidenten für die öffentliche Ruhe zu sorgen; vgl. Marquardt, Römische Staatsverwaltung I², Leipzig 1881, 213.
3 Wie der, welcher den Herrn mit einem weißen Kleid verspottete.

Bestimmung erreiche, indem er Christi Genosse wurde, seine Verräter aber die Strafe des Judas treffe.

7.

Mit dem jungen Sklaven zogen nun an einem Freitag zur Stunde der Mahlzeit die Häscher mit einer Abteilung Reiterei in ihrer gewohnten Bewaffnung gegen ihn *wie gegen einen Räuber*[1] los. Sie kamen zu später Stunde an und fanden ihn im oberen Stockwerk eines kleinen Hauses. Von dort hätte er wohl an eine andere Stelle fliehen können, aber er wollte es nicht und sagte: *Der Wille Gottes geschehe!*[2] Als er von ihrer Anwesenheit hörte, stieg er hinab und sprach mit ihnen; sie aber waren betroffen über sein hohes Alter, seine Ruhe und darüber, daß sie sich eine solche Mühe gegeben hatten, einen so alten Mann aufzugreifen. Sofort gab er Auftrag, ihnen zur selben Stunde Speise und Trank vorzusetzen, soviel sie wollten; er

1 Matth. 26, 55.
2 Agp. 21, 14.

bat sie aber auch, ihm noch eine Stunde zu ungestörtem Gebet zu gewähren. Als sie ihm diese zugestanden, betete er stehend, voll der Gnade Gottes, so, daß er zwei Stunden lang nicht fertig werden konnte und daß die Häscher staunten, mehrere es auch bereuten, gegen einen so gottgefälligen Greis ausgezogen zu sein.

8.

Endlich schloß er sein Gebet, in welchem er aller gedacht hatte, die er jemals kennengelernt hatte, Kleiner und Großer, Berühmter und Unberühmter und der ganzen katholischen Kirche auf dem weiten Erdenrund. Als nun die Zeit des Aufbruches kam, setzte man ihn auf einen Esel und brachte ihn so zur Stadt: es war an einem großen Sabbat[1]. Der Irenarch Herodes und sein Vater Niketes kamen ihm entgegengefahren; sie nahmen ihn zu sich auf den Wagen und versuchten ihn, während sie neben ihm saßen, zu überreden mit den Worten: »Was ist es denn Schlimmes, Herr Kaiser[2] zu sagen,

---

1 ὄντος σαββάτου μεγάλου. An den Karsamstag, den zuerst Joh. Chrysostomus σάββατον μέγα nennt (Montf. V 525 squ.), kann hier nicht gedacht werden, weil einerseits der Artikel fehlt und andererseits das Datum in Kap. 21 (23. Febr.) dagegen spricht.

2 Das Wort κύριος (Herr) gebrauchten die Christen nur von Gott.

zu opfern und ähnliches zu tun und so sein Leben zu retten?« Anfangs gab er ihnen keine Antwort; da sie ihn aber nicht in Ruhe ließen, sagte er: »Ich bin nicht gewillt zu tun, was ihr mir ratet.« Als sie nun ihr Vorhaben gescheitert sahen, sprachen sie Drohworte gegen ihn aus und stießen ihn mit solcher Hast hinunter, daß er sich beim Absteigen vom Wagen das Schienbein verletzte. Doch er achtete nicht darauf, ging, als wäre ihm nichts geschehen, heiter mit schnellen Schritten weiter und wurde in die Rennbahn geführt; es war aber in der Rennbahn ein solcher Lärm, daß man nichts verstehen konnte.

9.

Als Polykarp in die Rennbahn eintrat, erscholl eine Stimme vom Himmel: »Mut, Polykarp, halte dich männlich!« Den Redenden sah niemand, die Stimme aber hörten alle, die von den Unsrigen anwesend waren. Wie schon gesagt wurde, war bei seinem Eintreten der Lärm groß, da man gehört hatte, daß Polykarp ergriffen worden war. Als er nun vorgeführt wurde, fragte ihn der Prokonsul, ob er Polykarp sei. Er bejahte das, worauf jener ihn bereden wollte (Christus) zu verleugnen und sagte: »Bedenke dein hohes Alter«, und anderes derart, wie sie zu sprechen gewohnt sind: »Schwöre beim Glück des Kaisers! Gehe in dich, sprich: ›Weg mit den Gottlosen!‹« Polykarp aber schaute mit finsterer Miene über die ganze Masse der in der Rennbahn versammelten heidnischen Scharen hin, streckte die Hand gegen sie aus, seufzte, sah den Himmel und sprach:

»Weg mit den Gottlosen!« Der Prokonsul aber drang noch mehr in ihn und sprach: »Schwöre, und ich gebe dich frei, verfluche Christus!« Da entgegnete Polykarp: »Sechsundachtzig Jahre diene ich ihm, und er hat mir nie ein Leid getan; wie könnte ich meinen König und Erlöser lästern?«

10.

Als er aber aufs neue in ihn drang und sagte: »Schwöre beim Glück des Kaisers«, antwortete er: »Wenn du dir mit dem Gedanken schmeichelst, ich würde, wie du es nennst, beim Glück des Kaisers schwören, und dich stellst, als wüßtest du nicht, wer ich bin, so höre mein freimütiges Bekenntnis: Ich bin ein Christ. Willst du aber die Lehre des Christentums kennenlernen, so bestimme mir einen Termin zur Aussprache.« Der Prokonsul sagte: »Rede dem Volk zu!« Polykarp antwortete: »Dich habe ich einer Erklärung für würdig gehalten; denn man hat uns gelehrt, den von Gott gesetzten Obrigkeiten und Gewalten die gebührende Ehre zu erweisen, wenn sie uns (unserem Gewissen) keinen Schaden bringt; jene aber (das Volk) halte ich nicht für wert, mich vor ihnen zu verteidigen.«

11.

Da erklärte der Prokonsul: »Ich habe wilde Tiere, denen werde ich dich vorwerfen lassen, wenn du nicht anderen Sinnes wirst.« Der aber entgegnete: »Laß sie kommen; denn unmöglich ist uns die Bekehrung vom Besseren zum Schlimmeren; ehrenvoll aber ist es, sich vom Schlechten zur Gerechtigkeit hinzuwenden.« Jener aber fuhr fort: »Wenn du dir aus den Tieren nichts machst, lasse ich dich vom Feuer verzehren, sofern du deine Meinung nicht änderst.« Darauf sagte Polykarp: »Du drohst mir mit einem Feuer, das nur eine Stunde brennt und nach kurzem erlischt; denn du kennst nicht das Feuer des zukünftigen Gerichtes und der ewigen Strafe, das auf die Gottlosen wartet. Doch was zögerst du? Hole herbei, was dir gefällt!«

12.

Während Polykarp dieses und noch anderes sprach, war er voll Mut und Freude und sein Antlitz strahlte von Anmut, so daß er nicht nur nicht bestürzt über das ihm Angedrohte, die Fassung verlor, sondern daß vielmehr der Prokonsul staunte; dieser schickte seinen Herold und ließ mitten in der Rennbahn dreimal verkünden: »Polykarp hat sich als Christ bekannt.« Als der Herold das ausgerufen hatte, schrie die ganze Menge der Heiden und Juden, die in Smyrna wohnten, in unverhohlener Wut und mit lauter Stimme: »Dieser ist der Lehrer Asiens, der Vater der Christen, der Zerstörer unserer Götter, der durch seine Lehre viele bewegt, nicht zu opfern und anzubeten.« So schrien sie und verlangten von dem Asiarchen[1] Phi-

---

1 Der Asiarch war der Vorsteher der Konföderation der Städte von Asia proconsularis, also des Commune Asiae (κοινόν τῆς Ἀσίας) und als solcher der Oberpriester

lippus[1], er solle einen Löwen auf Polykarp
loslassen. Der aber erklärte, das sei ihm nicht
gestattet, weil die Tierhetzen beendigt sei-
en. Da fanden sie es für gut, einstimmig zu
schreien, Polykarp solle lebendig verbrannt
werden. Es mußte ja auch das an seinem
Kopfkissen ihm geoffenbarte Gesicht sich
erfüllen; er hatte dieses beim Gebet brennen sehen und zu den Gläubigen, die bei
ihm waren, hingewandt die prophetischen
Worte gesprochen: »Ich muß lebendig verbrannt werden.«

der Provinz, dem auch die Abhaltung der öffentlichen
Spiele oblag.
1 In c. 21 wird er »der Oberpriester Philippus Trallianus«
genannt.

B.

Das wurde schneller ausgeführt, als es erzählt werden kann. Die Volksmassen trugen auf der Stelle aus den Werkstätten und Bädern Holz und Reisig zusammen; die größten Dienste leisteten dabei bereitwilligst die Juden, wie sie es gewohnt sind[1]. Als der Holzstoß errichtet war, legte er alle seine Oberkleider ab, löste seinen Gürtel und versuchte, auch seine Schuhe auszuziehen. Das hatte er früher nicht getan, weil allezeit die Gläubigen wetteiferten, wer zuerst seinen Leib berühre; denn wegen seines guten Wandels war er schon vor seinem Martyrium mit aller Tugend geschmückt. Sofort nun wurde das Material, das für den Scheiterhaufen vorbereitet war, um ihn herumgelegt;

---

1 Daß Juden in Smyrna den Christen sehr feindlich gegenüberstanden, sagt auch die Apostelgeschichte (2, 9). Tertullian nennt (Scorpiace 10) die Synagogen die Brutstätten (fontes) der Verfolgungen.

als man ihn auch annageln wollte, sagte er:
»Laßt mich so; denn der mir verliehen hat,
den Feuertod geduldig zu leiden, wird mir
auch die Kraft geben, ohne die durch eure
Nägel gebotene Sicherheit unbeweglich auf
dem Scheiterhaufen auszuharren.«

14.

Die nagelten ihn also nicht an, banden ihn aber fest. Er aber, die Hände auf dem Rücken festgebunden, wie ein ausgezeichneter Widder aus einer großen Herde zur Opfergabe, zum wohlgefälligen Brandopfer für Gott, auserlesen, blickte gen Himmel und sprach: »Herr, allmächtiger Gott, Vater deines geliebten und gebenedeiten Sohnes Jesus Christus, durch den wir Kenntnis von dir erlangt haben, Gott der Engel, der Mächte, der gesamten Schöpfung und der ganzen Schar der Gerechten, die vor deinem Angesicht leben! Ich preise dich, daß du mich dieses Tages und dieser Stunde gewürdigt hast, teilzunehmen in der Gemeinschaft deiner Märtyrer an dem Kelch deines Christus zur Auferstehung ins ewige Leben nach Leib und Seele in der Unvergänglichkeit des Heiligen Geistes. Unter diesen möchte ich heute vor dir aufgenommen werden als ein fettes und wohlgefälliges Opfer, so wie du, untrüglicher und wahrhafter Gott, mich dazu vorbereitet, wie du es mir vorherverkündet und wie du es jetzt erfüllt hast. Deswegen lobe ich dich auch für alles, ich preise dich und verherrliche dich durch deinen ewigen und himmlischen Hohenpriester Jesus Christus, deinen geliebten Sohn, durch den dir mit ihm und dem Heiligen Geist Ehre sei jetzt und in alle Ewigkeit. Amen.«

15.

Als er das Amen ausgesprochen und sein Gebet vollendet hatte, zündeten die Heizer das Feuer an. Mächtig loderte die Flamme empor; da schauten wir, denen diese Gnade gegeben war, denen es auch vorbehalten war, das Geschehene den anderen zu verkünden, ein Wunder. Denn das Feuer wölbte sich wie ein vom Wind geschwelltes Segel und umwallte so den Leib des Märtyrers; dieser aber stand in der Mitte nicht wie bratendes Fleisch, sondern wie Brot, das gebacken wird, oder wie Gold und Silber, das im Ofen geläutert wird. Auch empfanden wir einen Wohlgeruch wie von duftendem Weihrauch oder von einem anderen kostbaren Rauchwerk.

16.

Als endlich die Gottlosen sahen, daß sein Leib vom Feuer nicht könne verzehrt werden, befahlen sie dem Konfektor[1], hinzuzutreten und ihm den Dolch in die Brust zu stoßen. Als das geschah, kam eine solche Menge Blut hervor[2], daß das Feuer erlosch und das ganze Volk erstaunt war über den großen Unterschied der Ungläubigen und der Auserwählten. Einer von diesen ist der bewunderungswerte Blutzeuge Polykarp gewesen, der in unserer Zeit durch seine Lehre ein Apostel und Prophet geworden ist, der

1 Der confector (d. i. Vollender) gab im Amphitheater den verwundeten Tieren und Menschen den Todesstoß.
2 In den Handschriften steht hier: »kam e i n e T a u b e und so viel Blut hervor«; da aber bei Eusebius dieser Zusatz fehlt, nimmt man gewöhnlich an, daß er erst später in die Handschriften eingedrungen ist. Die Taube ist in der alten Kirche ein Symbol der vom Leib scheidenden Seele des Gerechten.

Bischof der katholischen[1] Kirche zu Smyrna;
denn jedes Wort, das aus seinem Mund kam,
hat sich erfüllt und wird sich erfüllen.

---

1 »Katholisch« bedeutet hier, wie in dem um 200 entstandenen Muratorischen Fragment, soviel wie »rechtgläu-
big«; in diesem Sinne erscheint es hier zum erstenmal
(sonst = allgemein).

17.

Als aber der Nebenbuhler, der Verleumder und Böse, der Gegner der Gerechten, die Größe seines Martyriums, seinen von jeher unbefleckten Wandel und ihn selbst sah, wie er mit dem Kranz der Unvergänglichkeit geschmückt war und einen unbestrittenen Kampfpreis davontrug[1], da arbeitete er darauf hin, daß wir seine Überbleibsel nicht davontragen sollten, obgleich viele dies zu tun und an seinem heiligen Leib Anteil zu haben begehrten. Er veranlaßte also den Niketes, den Vater des Herodes und Bruder der Alke[2], den Prokonsul zu ersuchen, er möge seinen Leib nicht herausgeben, damit sie nicht – das sind seine Worte – den Gekreuzigten verlassen und diesen anzubeten

---

1 Vgl. 1 Kor. 9, 24 f.
2 Sie war offenbar eine Christin und wahrscheinlich dieselbe, welche der hl. Ignatius in seinem Brief an die Smyrnäer (13, 2) grüßt.

anfangen. Das sagten sie auf Antrieb und
Drängen der Juden, die auch achtgaben, als
wir ihn aus dem Feuer nehmen wollten; sie
begreifen nicht, daß wir Christus niemals
verlassen werden, der für das Heil aller, die
auf Erden gerettet werden, gelitten hat als
ein Schuldloser für die Schuldigen, und daß
wir auch keinen andern anbeten können.
Denn ihn beten wir an, weil er der Sohn
Gottes ist. Den Märtyrern aber erweisen wir
als Schülern und Nachahmern des Herrn gebührende Liebe wegen ihrer unübertreffli-
chen Zuneigung zu ihrem König und Lehrer. Möchten doch auch wir ihre Genossen
und Mitschüler werden!

18.

Als nun der Hauptmann den Widerstand der Juden sah, ließ er ihn mitten auf den Scheiterhaufen legen und, wie es bei ihnen Brauch ist, verbrennen. Auf diese Weise haben wir hinterher seine Gebeine bekommen, die wertvoller sind als kostbare Steine und schätzbarer als Gold, und haben sie an geeigneter Stätte beigesetzt[1]. Dort werden wir uns mit der Gnade Gottes nach Möglichkeit in Jubel und Freude versammeln und den Geburtstag[2] seines Martyriums feiern zum Andenken an die, welche bereits den Kampf bestanden haben, und zur Übung und Vorbereitung für die, welche ihm noch entgegengehen.

1 Diese Stelle ist der älteste Beweis für die kirchliche Reliquienverehrung.
2 ἡμέραν γενέθλιον (dies Natalis); gemeint ist der Todestag. Auch dieser Ausdruck begegnet uns hier zuerst.

19.

So viel über den seligen Polykarpus, der – die Philadelphier miteingerechnet – der zwölfte Blutzeuge zu Smyrna ist[1], allein aber von allen in höherem Ansehen steht, so daß sogar die Heiden allenthalben von ihm reden. Er war nicht nur ein ausgezeichneter Lehrer, sondern auch ein hervorragender Blutzeuge, dessen Martyrium alle nachzuahmen begehren, da es nach Christi Evangelium geschah[2]. Denn durch seine Standhaftigkeit hat er den ungerechten Statthalter besiegt und so die Krone der Unsterblichkeit erlangt; er verherrlicht, mit den Aposteln und allen Gerechten in Jubel vereinigt, Gott den Allvater und preist unsern Herrn Jesus Christus, den Heiland unserer Seelen, den

1 Außer Polykarp haben also elf andere, darunter einige aus Philadelphia, zu Smyrna den Martertod erlitten.
2 Oben c. 1.

Lenker unserer Leiber und den Hirten der katholischen Kirche auf dem weiten Erdkreis.

20.

Ihr batet um eine eingehende Darstellung des Geschehenen; wir haben es euch aber in Gegenwärtigem nur der Hauptsache nach durch unsern Bruder Markion[1] mitteilen lassen. Wenn ihr nun Kenntnis davon genommen habt, so sendet das Schreiben auch an die ferner wohnenden Brüder, damit auch sie den Herrn preisen, der unter seinen Dienern eine Auswahl trifft. Ihm, der mächtig ist, uns alle in seiner Gnade und Gabe einzuführen in sein ewiges Reich durch seinen eingeborenen Sohn Jesus Christus, ihm sei Ruhm, Ehre, Macht und Herrlichkeit in alle Ewigkeit! Grüßt alle Heiligen! Euch grüßen die Hiesigen und Evaristus, der dies geschrieben hat, mit seinem ganzen Haus.

---

1 Er ist der Verfasser des Briefes; als Schreiber nennt sich gleich danach ein gewisser Evaristus.

21.

Der selige Polykarp litt den Martertod am zweiten des Monates Xanthikus[1], am 23. Februar, an einem großen Sabbat[2], um die achte Stunde. Er wurde ergriffen von Herodes unter dem Oberpriester Philippus von Tralles[3], unter dem Prokonsulat des Statius Quadratus[4], unter der ewig währenden Herrschaft unseres Herrn Jesus Christus. Ihm sei Ruhm, Ehre, Herrlichkeit und ewiger Thron von Geschlecht zu Geschlecht. Amen[5].

1 Der Xanthikus war der sechste Monat des mazedonischen Jahres und begann am 22. Februar; am 23. Februar ist allezeit das Gedächtnis dieses Märtyrers in der griechischen Kirche gefeiert worden.
2 Oben c. 8.
3 Oben c. 12.
4 Statius Quadratus war im Jahre 142 Konsul und muß zwischen 151 und 157 Prokonsul Asiens gewesen sein. Allgemein wird jetzt angenommen, daß Polykarp im Jahre 156 gestorben ist.
5 Nach den Darlegungen von Lightfoot gehören diese Bemerkungen noch zum ursprünglichen Text des Martyriums.

22. [1]

Wir sagen euch Lebewohl, Brüder, die ihr wandelt nach dem Wort des Evangeliums Jesu Christi; mit ihm sei Ehre Gott dem Vater und dem Heiligen Geiste zum Heil der auserwählten Heiligen! Sowie dafür Zeugnis abgelegt hat der selige Polykarp, nach dessen Fußstapfen wir im Reich Jesu Christi befunden werden mögen.

Dieses hat Gajus abgeschrieben aus dem Exemplar des Irenäus, eines Schülers des Polykarp, der noch mit Irenäus verkehrt hatte. Ich Sokrates aber habe zu Korinth nach der Abschrift des Gajus eine andere gemacht. Gnade mit euch allen!

Ich Pionius[2] hinwieder habe nach dem

---

1 Dieses Kapitel enthält Nachträge von späteren Händen.

2 Dieses Pionius war um die Mitte des 4. Jahrh. Verfasser einer uns teilweise erhaltenen Biographie des Polykarp von zweifelhaftem Wert. Diese Vita Polycarpi edierte D i e k a m p in Funk, Patres apostolici, vol. II, Tübingen 1913, 402 ss.

eben Beschriebenen Abschrift genommen,
als ich es aufgefunden hatte. Ich fand es
aber auf Grund einer Offenbarung des seligen Polykarp, wie ich im folgenden dartun
werde. Ich habe die Bruchstücke, die der
Zahn der Zeit beinahe vernichtet hatte, gesammelt, damit auch mich der Herr Jesus
Christus mit seinen Auserwählten im Him-
melreich zusammenbringt, dem die Ehre sei
mit dem Vater und dem Heiligen Geiste in
alle Ewigkeit. Amen.

Martyrium des heiligen Justin und seiner Genossen[1]

1 Vgl. Vorbemerkungen S. 22.

Martyrium der heiligen Zeugen Justinus, Chariton, Charito, Euelpistus, Hieran, Päon und Liberianus, die zu Rom gelitten haben.

1.

Zur Zeit der verruchten Vorkämpfer des Heidentums wurden gottlose Befehle gegen die frommen Christen in Stadt und Land erlassen, um sie zu zwingen, den eitlen Götzen zu opfern. Infolgedessen wurden die heiligen Männer[1] ergriffen und zu Rom vor den Stadtpräfekten Rustikus[2] geführt.

---

1 Eine der geladenen Personen war eine Frau (Charito).
2 Junius Rustikus war praefectus urbi in den Jahren 163–167.

2.

Als sie vor den Richterstuhl gestellt waren, sagte der Präfekt Rustikus zu Justinus: Zunächst vertraue den Göttern und gehorche den Kaisern. Justinus antwortete: Der kann nicht getadelt und verurteilt werden, welcher den Geboten unseres Heilandes Jesus Christus gehorcht. Der Präfekt Rustikus fragte: Mit welcher Gattung von Wissenschaft beschäftigst du dich? Justinus entgegnete: Ich bemühte mich, alle Systeme kennenzulernen[1]; zuletzt habe ich mich den wahren Lehren der Christen hingegeben, die allerdings denen, welche im Irrtum befangen sind, nicht gefallen. Der Präfekt Rustikus sagte: An der Gelehrsamkeit dieser Menschen hast du deine Freude, Unseliger! Justinus antwortete: Allerdings, weil ihre

---

1 Das erzählt Justin genauer im Dialog mit Tryphon c. 2–8.

Lehre wahr ist. Der Präfekt Rustikus fragte: Welches ist diese Lehre? Justinus antwortete: Die christliche Gottesverehrung besteht darin, daß wir an e i n e n Gott glauben, der die ganze sichtbare und unsichtbare Schöpfung gemacht und hervorgebracht hat, und an den Herrn Jesus Christus, von dem die Propheten vorherverkündet haben, daß er dem Menschengeschlecht erscheinen werde als Herold des Heils und als Verkünder trefflicher Lehren. Ich, ein Mensch, bin zu schwach, solches auszusagen, was seiner unendlichen Gottheit würdig wäre, ich erkenne aber eine prophetische Macht an; denn über ihn, den ich hier Sohn Gottes genannt habe, ist vorherverkündet worden; ich weiß, daß die Propheten durch Eingebung Gottes über sein zukünftiges Verweilen unter den Menschen vorhergesagt haben.

3.

Der Präfekt Rustikus sagte: Wo kommt ihr zusammen? Justinus entgegnete: Wo ein jeder will und kann. Du glaubst bestimmt, wir kämen alle an derselben Stelle zusammen; das ist aber nicht so, weil der Gott der Christen auf keinen Ort beschränkt ist, sondern »Himmel und Erde erfüllt«[1] und überall von den Gläubigen verehrt und verherrlicht wird. Der Präfekt Rustikus sagte: Sage: Wo kommt ihr zusammen oder wo versammelst du deine Schüler? Justinus entgegnete: Ich wohne oberhalb des Timothinischen Bades[2] in dieser ganzen Zeit und bin jetzt das zweite Mal in der Stadt Rom; ich kenne außer diesem keinen andern Versammlungsort;

1 Jer. 23, 24.
2 Dieses Bad lag auf dem viminalischen Hügel und hieß auch das Novatianische, weil es von den Brüder Novatus und Timotheus erbaut worden war. In der Handschrift steht vor τοῦ Τιμωθίνου βαλανείου noch τινος Μαρτίνου, was aber ein späterer Zusatz zu sein scheint.

wer mich da besuchen wollte, dem teilte ich
die Lehren der Wahrheit mit. Rustikus sagte:
Du bleibst also dabei, ein Christ zu sein? Justinus entgegnete: Ja, ich bin ein Christ.

4.

Der Präfekt Rustikus sagte zu Chariton: Nun sage mir: Bist du auch ein Christ? Chariton antwortete: Ich bin ein Christ nach Gottes Geheiß. Der Präfekt Rustikus sagte zu der Charito: Was sagst du, Charito? Charito antwortete: Ich bin mit der Gnade Gottes eine Christin. Rustikus sagte zu Euelpistus: Wer bist denn du? Euelpistus, ein kaiserlicher Sklave, antwortete: Auch ich bin ein Christ; von Christus bin ich freigemacht und nehme an derselben Hoffnung teil durch die Gnade Christi. Der Präfekt Rustikus sagte zu Hieran: Bist auch du ein Christ? Hieran antwortete: Ja, ich bin ein Christ; denn ich ehre und bete denselben Gott an. Der Präfekt Rustikus sagte: Hat Justinus euch zu Christen gemacht? Hieran antwortete: Ich war schon Christ und werde es immer sein. Päon, der dabei stand[1],

---

1 Er meldete sich freiwillig als Christ, ohne angeklagt zu sein.

sagte: Auch ich bin ein Christ. Der Präfekt Rustikus fragte: Wer hat denn dich gelehrt? Päon antwortete: Von den Eltern haben wir dieses schöne Bekenntnis überkommen. Euelpistus sagte: Die Reden des Justinus habe ich zwar mit Freuden gehört, aber Christ zu sein, habe auch ich von meinen Eltern gelernt. Der Präfekt Rustikus fragte: Wo sind deine Eltern? Euelpistus antwortete: In Kappadokien[1]. Rustikus sagte zu Hieran: Wo sind denn deine Eltern? Der antwortete: Unser wahrer Vater ist Christus und unsere Mutter ist der Glaube an ihn. Meine irdischen Eltern aber sind gestorben; übrigens bin ich aus Ikonium in Phrygien[2] hierhin gekommen. Der Präfekt Rustikus sagte zu Liberianus: Was sagst denn du? Bist du Christ und bist auch du gottlos? Liberianus antwortete: Auch ich bin Christ; ich bin gottesfürchtig und verehre den einen wahren Gott.

1 Wie schon die Namen zeigen, waren die mit Justin Angeklagten alle aus dem Osten.
2 Ikonium lag in Lykaonien; aber schon Xenophon (An. I 2, 19) verlegte es nach Phrygien.

5.

Der Präfekt sagte zu Justinus: Höre, der du als gelehrt giltst und die wahre Wissenschaft zu haben meinst: Glaubst du, wenn du gegeißelt und enthauptet wirst, in den Himmel aufzusteigen? Justinus antwortete: Ich glaube, daß ich seiner Verheißungen teilhaftig werde, wenn ich dieses leide; denn ich weiß, daß allen, die so leben, das göttliche Gnadengeschenk bis zum Ende des Weltalls bleiben wird. Der Präfekt Rustikus sagte: Du nimmst also an, du wirst in den Himmels aufsteigen, um einen Lohn zu erlangen? Justinus antwortete: Das nehme ich nicht an, sondern ich weiß es und bin ganz davon überzeugt. Der Präfekt Rustikus sagte: Treten wir endlich an die hier vorliegende Sache heran, die drängt: Kommt und opfert einmütig den Göttern! Justinus antwortete: Keiner, der recht gesinnt ist, verläßt die Gottseligkeit, um zur Gottlosigkeit überzugehen.

Der Präfekt Rustikus sagte: Wenn ihr nicht gehorcht, werdet ihr erbarmungslos gestraft werden. Justinus antwortete: Unser Wunsch ist, um unseres Herrn Jesu Christi willen gemartert und so selig zu werden; denn das wird uns Heil und Zuversicht sein vor dem schrecklichem Richterstuhl unseres Herrn und Heilandes, vor dem die ganze Welt erscheinen muß. Ebenso sagten auch die übrigen Märtyrer: Tu, was du willst, denn wir sind Christen und opfern nicht den Götzenbildern. Der Präfekt Rustikus sprach also das Urteil: Die, welche den Göttern nicht opfern und dem Befehl des Kaisers nicht gehorchen wollten, sollen gegeißelt und zur Enthauptung abgeführt werden, wie die Gesetze es vorschreiben.

6.

Die heiligen Blutzeugen[1] zogen, Gott preisend, hinaus an die gewohnte Stätte, wurden enthauptet und vollendeten so ihr Zeugnis im Bekenntnis des Heilandes. Darauf haben einige der Gläubigen heimlich ihre Leiber fortgetragen und an geeignetem Ort beigesetzt mit Hilfe der Gnade unseres Herrn Jesu Christi, dem die Ehre sei von Ewigkeit zu Ewigkeit. Amen.

---

1 Dieses letzte Kapitel rührt, wie auch das erste, vom Verfasser dieser christlichen Märtyrerakte her; sie bilden den Rahmen für das übrige, das deutlich als amtliches Gerichtsprotokoll zu erkennen ist.

Martyrium der Heiligen Karpus, Heiligen Karpus, Papylus und Agathonike[1]

---

1 Siehe die Vorbemerkungen S. 22 f.

1.

Als der Prokonsul[1] zu Pergamum verweilte, wurden ihm die seligen Märtyrer Christi Karpus und Papylus vorgeführt. Nachdem aber der Prokonsul sich niedergesetzt hatte, sagte er: Wie heißt du? Der Selige antwortete: Mein erster und bester Name ist Christ; fragst du aber nach meinem Namen in der Welt, so heiße ich Karpus. Der Prokonsul erklärte: Es sind dir die Befehle der Kaiser bekannt, daß man die allwaltenden Götter verehren soll; darum rate ich euch, hinzuzutreten und zu opfern. Karpus entgegnete: Ich bin ein Christ und verehre Christus, den Sohn Gottes, der in den letzten Zeiten zu unserm Heil gekommen ist und uns von dem Trug des Teufels befreit hat; diesen Götzenbildern da aber opfere ich nicht. Tu, was du

---

1 Der proconsul Asiae, der hier gemeint ist, residierte gewöhnlich in Ephesus.

willst[1]; denn mir ist es unmöglich, Trugge-
stalten der Dämonen zu opfern; sind doch
die, welche diesen opfern, ihnen gleich. Wie
nämlich die wahren Verehrer – nach der göttlichen Erzählung des Herrn die, welche *Gott
im Geiste und in der Wahrheit anbeten*[2] – der
Herrlichkeit Gottes ähnlich werden und mit
ihm unsterblich sind, teilhaftig des ewigen
Lebens durch den Logos[3], so werden auch
die, welche diesen dienen, ähnlich der Eitelkeit der Dämonen und gehen mit ihnen in
der Hölle unter; sie teilen die gerechte Strafe mit demjenigen, der den Menschen, das
auserwählte Geschöpf Gottes, hintergangen
hat, ich meine mit dem Teufel, der in seiner Schlechtigkeit den Menschen beneidet
hat[4]. Darum wisse, Prokonsul, daß ich diesen
nicht opfere.

---

1 So sagten auch die Genossen Justins des Märtyrers zu
   ihrem Richter (oben S. 81).
2 Joh. 4, 23.
3 D. h. durch den Sohn Gottes.
4 Daß der Teufel aus N e i d die Eva verführt hat, war im
   zweiten Jahrhundert die allgemeine Anschauung.

2.

Der Prokonsul aber sprach zornig: Opfert den Göttern und seid vernünftig! Karpus entgegnete lächelnd: Götter, die den Himmel und die Erde nicht geschaffen haben, mögen zugrunde gehen! Der Prokonsul sprach: Du mußt opfern; denn der Kaiser hat es befohlen. Karpus antwortete: Die Lebenden opfern nicht den Toten[1]. Der Prokonsul sprach: Die Götter hältst du für tot? Karpus entgegnete: Willst du hören? Sie haben nicht einmal als Menschen gelebt, um zu sterben[2]. Willst du sehen, daß das wahr ist? Entzieh ihnen deine Ehre, die du ihnen zu erweisen scheinst, und du wirst erkennen, daß sie nichts sind; Erdstoff sind sie und gehen

1 Didache c. 6: Vom Fleische der Götzenopfer essen, ist ein Dienst toter Götter.
2 Euhemeros von Messene (um 300 v. Chr.) suchte zu beweisen, daß die griechischen Volksgötter ehemals Menschen, nämlich Könige oder Kriegshelden, gewesen seien.

mit der Zeit unter. Unser Gott nämlich, der
zeitlos ist und die Zeit geschaffen hat, bleibt
selbst immer unvergänglich und ewig; er ist
immer derselbe und erleidet keinen Zugang
noch Abgang; jene aber werden von Menschen gemacht und, wie ich sagte, von der
Zeit vernichtet. Daß sie aber Orakel geben
und täuschen, möge dich nicht wundern;
denn der Teufel macht von Anbeginn an,
nachdem er aus seiner erhabenen Stellung
gefallen ist, mittels der ihm eigenen Bosheit
die Liebe Gottes gegen die Menschen zu-
schanden, arbeitet den Heiligen, die ihm zu-
setzen, entgegen, erregt Feindschaften und
gibt von diesen im voraus seinen Anhängern
Kunde. In gleicher Weise erschließt er auch
aus dem, was uns täglich zustößt, da er der
Zeit nach älter ist, die Zukunft und sagt das
Schlimme voraus, das er selbst zu tun be-
absichtigt. Denn infolge der Verfluchung
Gottes sinnt er auf Ungerechtigkeit und mit
Zulassung Gottes versucht er den Menschen,
den er von der Frömmigkeit abzubringen
sucht. Glaube mir also, Konsular, daß ihr in
nicht geringem Wahn seid.

3.

Der Prokonsul sprach: Indem ich dich viel Törichtes reden ließ, habe ich dich zur Schmähung der Götter und Kaiser verleitet. Damit du aber darin nicht weiter gehst, opferst du oder was sagst du? Karpus entgegnete: Ich kann nicht opfern; denn niemals habe ich Götzen geopfert. Sofort ließ er ihn danach aufhängen und ihm mit Krallen die Haut aufreißen; der aber rief in einem fort: Ich bin ein Christ; nachdem er aber lange zerfleischt worden war, verlor er seine Kräfte und konnte nicht mehr reden. Der Prokonsul wandte sich von Karpus weg zu Papylus und sprach zu ihm: Bist du ein Ratsherr? Der entgegnete: Ich bin ein Bürger. Der Prokonsul sprach: Welcher Stadt? Papylus antwortete: Von Thyatira[1]. Der Prokonsul fragte: Hast du Kinder? Papylus antwortete:

---

1 Die Stadt lag in Lydien.

Sogar viele um Gottes willen. Einer aus der umstehenden Menge rief: Nach seinem Christenglauben sagt er, daß er Kinder habe. Der Prokonsul sagte: Warum lügst du und sagst, du hast Kinder? Papylus entgegnete: Willst du sehen, daß ich nicht lüge, sondern die Wahrheit sage? In jeder Provinz und Stadt habe ich Kinder in Gott[1]. Der Prokonsul sagte: Opferst du oder was sagst du? Papylus entgegnete: Von Jugend an diene ich Gott und habe nie Götzen geopfert, sondern ich bin ein Christ, und mehr als dies kannst du von mir nicht erfahren; denn nichts Größeres und Schöneres als dies könnte ich sagen. Auch dieser wurde aufgehängt und mit drei Paaren eiserner Krallen zerfleischt; aber er gab keinen Laut von sich und ließ wie ein großmütiger Kämpfer den Zorn des Widersachers über sich ergehen.

---

1 Er war also christlicher Wanderprediger.

4.

Als der Prokonsul ihre außerordentliche Standhaftigkeit sah, befahl er, sie lebendig zu verbrennen. Und beschleunigten Schrittes traten die beiden in das Amphitheater ein, um baldigst von dieser Welt befreit zu werden. Zuerst wurde Papylus mit Nägeln an dem Pfahl festgemacht[1] und gab, als das Feuer angelegt war, ruhig betend seinen Geist auf. Nach diesem wurde Karpus angenagelt und lächelte. Die Umstehenden sprachen erstaunt zu ihm: Warum lächelst du? Der Selige antwortete: Ich sah die Herrlichkeit des Herrn und freute mich, zugleich aber wurde ich euch los und habe keinen Teil an eurem Unglück. Als aber der Soldat die Holzstücke aufschichtete und anzünden wollte, sagte der heilige Karpus, während er da hing: Wir sind von derselben Mutter

---

1 Vgl. Mart. Polyc. 13, 3 (oben S. 53).

Eva geboren worden und haben dasselbe Fleisch, aber hinblickend auf das untrügliche Gericht erdulden wir alles. Als er dieses gesagt hatte und das Feuer brannte, betete er sprechend: Gepriesen seist du, Herr Jesus Christus, Sohn Gottes, daß du auch mich Sünder deines Besitzes gewürdigt hast. Und nach diesen Worten gab er seinen Geist auf.

5.

Eine gewisse Agathonike aber stand dabei und sah die Herrlichkeit des Herrn, die Karpus gesehen zu haben erklärte; sie erkannte darin den himmlischen Ruf und erhob sofort ihre Stimme: Dieses Mahl ist mir bereitet[1], ich muß also kosten und essen von dem himmlischen Mahl. Das Volk aber rief: Erbarme dich deines Sohnes. Die selige Agathonike antwortete: Er hat Gott, der sich seiner annehmen kann, den, der für alles sorgt; aber ich, was stehe ich hier? Sie zog ihre Kleider aus und ließ sich frohlockend an das Holz nageln[2]. Die Dabeistehenden

1 Sie sah also die Herrlichkeit des Herrn in Gestalt eines himmlischen Mahles (Matth. 8, 11; Luk. 14, 15).
2 Im allgemeinen sahen es die Christen nicht gerne, daß man sich selbst dem Richter oder Henker stellte, um gemartert zu werden; so hatte ja auch der Herr gelehrt (Matth. 10, 23). Anders dachten die Montanisten, die von Kleinasien ausgingen; unter dem Einflusse montanistischer Ideen scheint auch Agathonike gestanden zu haben.

aber sprachen unter Tränen: Ein grausamer Urteilsspruch und ungerechte Befehle! Als sie aufgerichtet und vom Feuer erfaßt war, rief sie dreimal: Herr, Herr, Herr, hilf mir, denn zu dir habe ich mich geflüchtet. Und so gab sie ihren Geist auf und wurde mit den Heiligen vollendet.

Ihre Überreste aber trugen die Christen heimlich davon und hüteten sie zur Ehre Christi und zum Ruhm seiner Märtyrer; denn ihm gebührt Ruhm und Macht, dem Vater und dem Sohn und dem Heiligen Geist, jetzt und allezeit und in Ewigkeit. Amen.

Das Leiden der Scilitanischen Märtyrer[1]

1 Siehe die Vorbemerkungen oben S. 23 f.

1.

Unter dem zweiten Konsulat des Prä-
sens und unter dem des Klaudianus[1]
am 17. Juli wurden im Gerichtssaal zu Karthago vorgeführt: Speratus, Nartzalus und
Kittinus, Donata, Sekunda und Vestia. Der
Prokonsul Saturninus[2] sagte: Ihr könnt die
Gnade unseres Herrn des Kaisers verdienen
dadurch, daß ihr wieder Vernunft annehmt.
2. Speratus antwortete: Niemals haben wir
Unrecht getan und auch in keiner Weise zu
einer Übeltat mitgewirkt; wir haben niemals
geflucht, sondern bei schlechter Behandlung gedankt. Darum ehren wir unsern Kaiser. 3. Der Prokonsul Saturninus sagte: Auch
wir sind religiös, und unsere Religion ist
einfach; wir schwören bei dem Genius un-

---

1 D. h. im Jahre 180.
2 Von diesem Publius Vigellius Saturninus meldet Tertullian (ad. Scarp. 3), daß er zuerst in Afrika Christenblut
vergossen hat.

seres kaiserlichen Herrn und beten für sein
Wohl, und das müßt auch ihr tun. 4. Speratus antwortete: Wenn du mir ruhiges Gehör schenkst, will ich dir ein Geheimnis der
Einfalt sagen. 5. Saturninus sprach: Wenn du
anfängst, unsern Kultus schlecht zu machen,
werde ich dir kein Gehör schenken; schwöre lieber bei dem Genius unseres Herrn des
Kaisers[1]. 6. Speratus antwortete: Ich kenne
keine Herrschaft dieser Welt[2], sondern ich
diene jenem Gott, welchen keiner der Menschen geschaut hat noch mit diesen Augen
schauen kann. Diebstahl habe ich nicht begangen, sondern bezahle bei jedem Kauf
meine Steuer, denn ich kenne meinen Herrn,
den Kaiser der Könige und aller Völker.

7. Der Prokonsul Saturninus sagte zu den
übrigen: Laßt ab von dieser Überzeugung.
Speratus antwortete: Eine schlechte Überzeugung ist es, Menschenmord zu begehen
und falsches Zeugnis zu geben. 8. Der Prokonsul Saturninus sagte: Laßt ab von dieser

1 Tert. ap. 32: Wir schwören zwar nicht bei den Schutz-
göttern der Kaiser, wohl aber bei ihrem Wohle.
2 Er will nicht den Kaiser, sondern nur Gott als seinen
höchsten Herrn anerkennen.

Narrheit. Kittinus antwortete: Wir haben keinen, den wir fürchten, als unsern Herrn, der im Himmel ist. 9. Donata sagte: Ehre dem Kaiser als dem Kaiser, Furcht aber Gott! Vestia sagte: Ich bin Christin. Sekunda sagte: Was ich bin, das will ich sein.

10. Der Prokonsul Saturninus fragte den Speratus: Bleibst du Christ? Speratus antwortete: Ich bin Christ. Und alle stimmten ihm zu. 11. Der Prokonsul Saturninus fragte: Wollt ihr etwa Bedenkzeit haben?[1] Speratus antwortete: In einer so gerechten Sache gibt es nichts zu bedenken[2]. 12. Der Prokonsul Saturninus sagte: Was habt ihr da in eurem Kasten?[3] Speratus antwortete: Bücher und Briefe des Paulus, eines gerechten Mannes[4].

---

1 In den Akten des Märtyrers Apollonius heißt es (v. 10. u. 11): »Ich gebe dir einen Tag Bedenkzeit. Und nach drei Tagen ließ er ihn wieder vorführen –«; vgl. unten S. 108.

2 Ganz ebenso sprach der hl. Cyprian (acta s. Cypr. 3)

3 Wahrscheinlich war bei der Gefangennahme der Märtyrer ein Behälter mit Büchern konfisziert worden, weil man die hl. Bücher der Christen für magische, also für verbotene hielt.

4 Der Sinn ist: »Außer anderen Schriften sind auch Briefe des Paulus darin, der ein gerechter Mann war.« Bardenhewer übersetzt: »Bücher u n d   z w a r   B r i e f e« usw.

13. Der Prokonsul Saturninus sagte: Ihr sollt eine Frist von dreißig Tagen haben, um euch die Sache zu überlegen. Speratus sprach wiederum: Ich bin Christ. Und alle stimmten ihm zu.

14. Der Prokonsul Saturninus verlas von einer Tafel das Urteil: Speratus, Nartzalus, Kittinus, Donata, Vestia, Sekunda und die übrigen, welche bekannt haben, daß sie nach christlichem Brauch leben wollen, sollen mit dem Schwert hingerichtet werden, weil sie, als ihnen die Möglichkeit gegeben wurde, zur Satzung der Römer zurückzukehren, hartnäckig geblieben sind[1]. 15. Speratus sagte: Wir danken Gott. Nartzalus sprach: Heute sind wir Märtyrer im Himmel; Gott sei Dank!

16. Der Prokonsul Saturninus ließ durch den Herold verkündigen: Speratus, Nartzalus, Kittinus, Veturius, Felix, Aquilinus, Lätantius, Januaria, Generosa, Vestia, Dona-

---

1 Diese Strafe war die mildeste, die nach den Gesetzen möglich war. Überhaupt zeigte sich der Prokonsul sehr gemäßigt; er enthielt sich der Folter, verlangte bloß, daß man beim Genius des Kaisers schwöre, und wollte 30 Tage Bedenkzeit bewilligen.

ta und Sekunda habe ich abführen lassen[1].
17. Sämtliche sagten: Gott sei Dank! Und sogleich wurden sie enthauptet für den Namen Christi.

---

1 Zwölf Christen wurden also zum Tode verurteilt, aber nur sechs verhört und hingerichtet; die anderen scheinen entflohen zu sein.

Martyrium
des heiligen Apollonius[1]

Martyrium des heiligen und hochberühmten
Apostels Apollonius[1]*, des Asketen*[2]*.*
Gib Deinen Segen, Herr!

Als unter Kaiser Kommodus sich eine
Verfolgung gegen die Christen erhoben hat-
te, war ein gewisser Perennis Prokonsul von
Asien[3]*. Der Apostel Apollonius aber, ein from-*
mer und gottesfürchtiger Mann, Alexandriner
von Geburt, wurde ergriffen und vorgeführt.

1 In dem uns überlieferten griechischen Texte heißt er
  stets Apollos (Ἀπολλώς); die alte armenische Übersetzung hat den richtigen Namen Apollonius bewahrt.
2 Griech. Σακκέας; die Asketen und Büßer trugen ein
  sackartiges Gewand.
3 Er war in Wahrheit Gardepräfekt (praefectus praetorio)
  in Rom, wo auch der Prozeß geführt wurde; seine Amtszeit fällt in die Jahre 180–185.

1.

Als dieser vorgeführt worden war, sagte der Statthalter Perennis: Apollonius, bist du Christ? 2. Apollonius antwortete: Ja, ich bin Christ und darum verehre und fürchte ich Gott, der Himmel und Erde und das Meer und alles, was darin ist, gemacht hat.

3. Der Statthalter Perennis sagte: Ändere deinen Sinn und folge mir, Apollonius, schwöre bei der Glücksgöttin unseres Herrn[1], des Kaisers Kommodus. 4. Apollonius der Asket antwortete: Höre mich aufmerksam an, Perennis, ich will dir in ernster und gesetzlicher Rechtfertigung Rede und Antwort stehen. Wer von gerechten, guten und bewundernswerten Geboten Gottes seinen Sinn abwendet, der ist gesetzlos, sünd-

---

1 Dasselbe wurde auch von Polykarp verlangt (mart. Polyc. 9, 2).

haft und in Wahrheit gottlos; wer aber von jeder Ungerechtigkeit, Gesetzlosigkeit, Götzendienerei und von bösen Gedanken sich abwendet, die Herrschaft der Sünden flieht und nicht mehr zu ihnen zurückkehrt, ein solcher ist gerecht. 5. Und glaube uns, Perennis, auf Grund dieser Rechtfertigung, daß wir die ehrwürdigen und trefflichen Gebote von dem göttlichen Logos gelernt haben, der alle Gedanken der Menschen kennt.

6. Außerdem sind wir von ihm angewiesen worden, in keiner Weise zu schwören, sondern in allem wahrhaft zu sein. Denn ein großer Eid ist die in dem »Ja« liegende Wahrheit, und darum ist es für einen Christen schimpflich, zu schwören. Verlangst du aber von mir einen Eid darüber, daß wir auch den Kaiser ehren und für seine Macht beten, so will ich gerne in Wahrheit schwören bei dem wirklichen Gott[1], dem Seienden, der von Ewigkeit

---

1 Wie Justin (ap. I 16), so entnimmt auch Apollonius den Worten des Herrn bei Matth. 5, 34 und 37, daß das Schwören den Christen verboten ist, weil es Mißtrauen voraussetzt, das Mißtrauen aber eine Folge der Lüge ist. Trotzdem ist er bereit zu schwören, daß die Christen für das Wohl des Kaisers beten; ebenso sagt Tertullian (ap. 32): Wir schwören zwar nicht beim Genius der Kaiser,

her ist, den nicht Menschenhände gemacht
haben, der im Gegenteil selbst angeordnet
hat, daß ein Mensch über Menschen auf Erden herrsche.

7. Der Statthalter Perennis sprach: Was
ich dir sage, tu und geh in dich, opfere den
Göttern und dem Bild des Kaisers Kommodus. 8. Apollonius aber entgegnete lächelnd:
Über Sinnesänderung und Eid habe ich mich
vor dir gerechtfertigt, bezüglich des Opfers
aber höre: Ein unblutiges und reines Opfer
bringen auch ich und alle Christen dem allmächtigen Gott dar, dem Herrn über Himmel und Erde und alles, was Leben hat, ein
Opfer, das besonders in Gebeten besteht für
die geistigen und vernünftigen Ebenbilder,
die von der göttlichen Vorsehung zum Herr-
schen auf Erden gesetzt sind. 9. Darum beten
wir täglich nach Vorschrift rechten Gebotes[1]
zu Gott, der im Himmel wohnt, für Kommodus, der auf dieser Erde herrscht, indem wir
sicher wissen, daß er nicht von einem anderen, sondern einzig nach dem Willen des

wohl aber bei ihrem Wohle, das höher steht als alle
Genien.
1 2 Tim. 2, 1–3.

unbesiegbaren Gottes, der, wie ich vorhin sagte, alle Dinge umfaßt, die Herrschaft auf Erden ausübt.

10. Der Statthalter Perennis sprach: Ich gebe dir Zeit, Apollonius, damit du mit dir selbst wegen deines Lebens zu Rate gehst. 11. Und nach drei Tagen befahl er, ihn vorzuführen; es war aber eine große Menge von Senatoren[1], Ratsherren und hochgelehrten Leuten anwesend. Und nachdem er den Befehl gegeben hatte, ihn zu rufen, sprach er: Die Akten des Apollonius sollen verlesen werden. Nach ihrer Verlesung fragte der Statthalter Perennis: Was hast du bei dir beschlossen, Apollonius? 12. Apollonius antwortete: In der Gottesfurcht zu verharren, ganz wie du es in den Akten in richtiger Meinung über uns festgestellt hast. 13. Der Statthalter Perennis sprach: Wegen des Senatsbeschlusses[2] rate ich dir, deinen Sinn zu ändern und die Götter zu

1 Daraus folgt aber nicht, daß diese zweite Verhandlung im Senat stattfand, wie der Kirchenschriftsteller Eusebius (h. e. V. 21, 4) annimmt.

2 Es scheint ein alter Senatsbeschluß, der auf das Bekenntnis des Christentums die Todesstrafe setzte (vgl. nr. 23), gemeint zu sein.

verehren und anzubeten, die wir Menschen alle verehren und anbeten, und wie wir zu leben.

14. Apollonius antwortete: Ich kenne den Senatsbeschluß, Perennis, allein ich wurde gottesfürchtig, um nicht Götzenbilder anzubeten, die von Menschenhänden gemacht sind. Darum werde ich niemals Gold oder Silber oder Erz oder Eisen oder hölzerne und steinerne sogenannte Götter anbeten, die weder sehen noch hören, weil sie Werke von Handwerkern, Goldgießern und Drechslern sind, Kunstprodukte von Menschenhänden, und sich nicht selbst in Bewegung setzen können. 15. Dagegen diene ich Gott, der im Himmel ist, und bete ihn allein an, ihn, der allen Menschen den Atem des Lebens eingehaucht hat und allen Tag für Tag das Leben spendet. 16. Keinesfalls also werde ich mich selbst erniedrigen, Perennis, und mich nicht auf den Schutt werfen; denn es ist schmählich, etwas anzubeten, was entweder auf gleicher Stufe steht mit Menschen oder wenigstens tiefer steht als die Dämonen. Denn es verfehlen sich die gar zu unter-

würfigen Menschen, wenn sie das anbeten,
was künstlich zusammengefügt ist: einen
kalten Ausschnitt aus einer Steinmasse,
dürres Holz, hartes Metall und entseel-
te Gebeine; was soll der Schwindel eines
solchen Betruges? 17. In ähnlicher Weise
beten die Ägypter ein Becken, die bei vielen genannte Fußschale[1], nebst anderen
Scheußlichkeiten an; welche Einfalt eines
solchen Mangels an Bildung! Die Athener
verehren noch jetzt den ehernen Schädel
eines Rindes, den sie das Glück der Athener nennen[2]; also ist es ihnen nicht möglich, zu ihren eigenen (Göttern) zu beten[3].
Solche Dinge müssen am meisten denen,
die auf sie vertrauen, Schaden der Seele
bringen. 19. Denn wodurch unterscheiden
sich diese Dinge von getrocknetem Ton
und zerbröckelnder Scherbe? Zu Dämo-

1 Gemeint ist die von dem ägyptischen Könige Amasis zum
  Götterbild umgeformte Fußwanne (Herod. II 172).
2 Pausanias (I 24, 2) erzählt, daß auf dem Areopag ein
  Stier als Weihgeschenk des Rates aufgestellt war; bei
  diesem Stier pflegten die Athener zu schwören (Lucili-
  us, Sat. fragm. 339).
3 Griechisch heißt die Stelle, deren Sinn unklar ist: ὥστε
  τοῖς ἰδίοις εὔχεσθαι οὐχ οἷόν τε.

nenbildern beten sie, die nicht hören, gerade als wenn sie hörten, die nicht fordern und nichts gewähren. Denn in Wahrheit ist ihre Gestalt erlogen: Sie haben Ohren und hören nicht, Augen und sehen nicht, Hände und strecken sie nicht aus, Füße und gehen nicht. Die Gestalt nämlich schafft ihr Wesen nicht um. Zur Verhöhnung der Athener scheint mir auch Sokrates bei der Platane geschworen zu haben, einem wildwachsenden Holz[1].

20. Zweitens wiederum sündigen die Menschen gegen den Himmel droben, wenn sie selbst das anbeten, was durch Wachstum zustande kommt: die Zwiebel und den Knoblauch – die Gottheit der Pelusier, Dinge, die in den Bauch eingehen und in den Abort ausgeworfen werden[2].

21. Drittens sündigen die Menschen gegen den Himmel droben, wenn sie das anbeten,

---

1 Daß Sokrates den Wolf, die Gans und die Platane für göttlich hielt und bei ihnen schwor, sagen auch Philostratus (vita Apoll. VI 19) und Theophilus (ad. Aut. III 2).
2 Dasselbe verspottet Juvenal (sat. XV 9): »Zwiebel und Knoblauch darf man nicht verletzen und zerbeißen; o heilige Völker, denen solche Götter in den Gärten wachsen.«

was unter den Begriff des Sinnbegabten
fällt: Fisch[1] und Taube[2], die Ägypter Hund
und Hundsaffe, Krokodil und Rind, Gift-
schlange und Wolf, Abbilder ihrer eigenen
Gewohnheiten.

22. Viertens sündigen die Menschen gegen den Himmel droben, wenn sie das anbeten, was seinem Wesen nach vernünftig ist:
Menschen, die in ihrer Wirksamkeit Dämonen sind; Götter nennen sie solche, die früher Menschen waren, wie ihre Mythen beweisen[3]. Denn von Dionysus sagt man, er sei
zerrissen, und von Herakles, er sei lebendig
auf den Scheiterhaufen gebracht, von Zeus,
er sei in Kreta begraben worden; in Über-
einstimmung damit sind auch ihre Namen in
den Mythen, durch die ihre Namen klar werden, gestaltet worden[4]. Besonders wegen ihrer Unheiligkeit lehne ich sie ab.

23. Der Statthalter Perennis bemerk-

---

1 Fische wurden besonders in Ägypten und Syrien als
  göttlich verehrt.
2 Die Taube galt in Syrien als heilig.
3 Diese Auffassung von den Göttern vertrat um 300 v. Chr.
  in einer Schrift Euhemerus von Messene.
4 Die Stelle ist unverständlich und scheint in der Handschrift verdorben zu sein.

te: Apollonius, der Senatsbeschluß lautet: Christen dürfen nicht sein. 24. Apollonius der Asket entgegnete: Aber der Ratschluß Gottes kann von einem menschlichen Ratschluss nicht aufgehoben werden. Denn je mehr man die, welche an ihn glauben, die nichts Übles tun, ohne Recht und Urteil tötet, desto mehr wird ihre Zahl von Gott gemehrt. 25. Ich möchte ferner, o Perennis, daß du dir darüber klar wirst, daß Gott, der über alle herrscht, über Könige, Senatoren und Großmächtige, über reich und arm, frei und unfrei, groß und klein, weise und einfältig, e i n e n Tod gesetzt hat, und nach dem Tod das Gericht über alle Menschen stattfinden soll. 26. Es gibt aber einen Unterschied hinsichtlich des Todes. Darum sterben die Schüler unseres Logos täglich den Lüsten ab, indem sie ihre Gelüste durch Enthaltsamkeit zügeln und nach den göttlichen Vorschriften zu leben sich vornehmen. Und glaube uns wirklich, Perennis, weil wir nicht lügen: Es gibt auch nicht ein Stücklein ausschweifenden Vergnügens bei uns, vielmehr entfernen wir jeden schändlichen Anblick aus unseren

Augen, die uns zu verführen suchen, damit unser Herz unverwundet bleibt. 27. Bei solchen Lebensgrundsätzen halten wir, o Statthalter, das Sterben um des wahrhaftigen Gottes willen nicht für ein Unglück; denn was wir sind, das sind wir um Gottes willen; darum ertragen wir auch alles, um nicht unglückselig zu sterben. 28. Denn *mögen wir leben oder sterben, wir sind des Herrn*[1]; oft kann auch Ruhr und Fieber den Tod bringen; ich werde also annehmen, ich würde von einer dieser Krankheiten dahingerafft.

29. Der Statthalter Perennis sagte: So entschlossen stirbst du gern? 30. Apollonius antwortete: Ich lebe gern, Perennis, jedoch so, daß ich den Tod nicht fürchte aus Liebe zum Leben. Denn nichts ist schätzenswerter als das Leben. Ich meine aber das ewige Leben, das die Unsterblichkeit der Seele ist, die das gegenwärtige Leben gut verbracht hat.

31. Der Statthalter Perennis sagte: Ich weiß nicht, was du sagst, und verstehe nicht,

1 Röm. 14, 8.

worüber du mir rechtliche Auskunft gibst.
32. Apollonius erklärte: Wie habe ich Mitleid mit dir, daß du so unempfindlich bist
gegen die Herrlichkeiten der Gnade! Denn
eines sehenden Herzes ist der Logos des
Herrn, wie sehender Augen das Licht, da ein
Mensch nichts nützt, wenn er zu Unemp-
fänglichen spricht, ebenso wie das Licht,
wenn es Blinden aufleuchtet.

33. Ein kynischer Philosoph[1] bemerkte:
Apollonius, du spottest deiner selbst; denn
du steckst tief im Irrtum, wenn du auch
gedankentief zu reden glaubst. 34. Apollonius entgegnete: Ich habe zu beten gelernt
und nicht zu spotten; die Heuchelei, die in
dir ist, beweist die Blindheit deines Herzens, wenn du dich hinreißen läßt zur Fülle mäßigen Geredes. Denn den Toren muß
die Wahrheit wirklich als Gespött erscheinen.

35. Der Statthalter Perennis sagte: Auch
wir wissen, daß der Logos Gottes der Er-
zeuger des Leibes und der Seele ist, der er-

---

1 Die Kyniker galten als den Christen besonders feindlich
gesinnt; man denke an das Verhältnis Justins zu dem
Kyniker Crescens (ap. II 8).

kennt und lehrt, was Gott angenehm ist[1]. 36.
Apollonius sprach: Dieser unser Erlöser Jesus Christus, als Mensch geboren in Judäa,
in allem gerecht und erfüllt mit göttlicher
Weisheit, lehrte uns menschenfreundlich,
wer der Gott des Weltalls und welches der
Endzweck der Tugend zu einem heiligen
Leben ist, in Anpassung an die Seelen der
Menschen. Durch sein Leiden hat er der
Herrschaft der Sünden ein Ende gemacht.
37. Er lehrte nämlich, den Zorn zu bändigen,
die Begierde zu mäßigen, die Gelüste zu zügeln, die Traurigkeit zu bannen, verträglich
zu sein, die Liebe zu mehren, die Eitelkeit
abzulegen, sich nicht zur Rache gegen Be-
leidiger hinreißen zu lassen, den Tod auf
Grund eines Richterspruches zu verachten,
nicht weil man Unrecht getan hat, sondern
indem man es geduldig erträgt, ferner dem
von ihm gegebenen Gesetz zu gehorchen,
den Kaiser zu ehren, Gott aber, *der allein unsterblich ist*[2], anzubeten, an die Unsterblichkeit der Seele und eine Vergeltung nach dem

---

1 Die Stoiker nannten das Urfeuer, aus dem alles geworden
   sei und in das es später zurückkehren werde, Logos.
2 1 Tim. 6, 16.

Tod zu glauben, einen Lohn für die Tugend-
bestrebungen zu erhoffen nach der Auferstehung, die von Gott denen zuteil werden
soll, die fromm gelebt haben.

38. Indem er dieses uns nachdrücklich
lehrte und durch viele Beweise uns davon
überzeugte, erwarb er sich selbst großen
Ruhm der Tugend, wurde aber auch von
den Ungelehrigen beneidet, wie schon die
Gerechten und Philosophen vor ihm; denn
die Gerechten sind den Ungerechten ver-
haßt. 39. Wie es auch ein Wort ist, daß Toren ungerecht sprechen: *Laßt uns den Gerechten binden, weil er uns unangenehm ist*[1].
40. Auch bei den Griechen sagt einer, wie
wir hören: *Der Gerechte,* sagt er, *wird gegeißelt, gefoltert, gefesselt, an beiden Augen ge-
blendet, zuletzt, nachdem er alles Üble erlitten
hat, gekreuzigt werden*[2]. 41. Wie daher die
athenischen Ankläger gegen Sokrates ein
ungerechtes Urteil abgaben, nachdem sie
auch das Volk gegen ihn aufgebracht hatten, so haben auch über unsern Lehrer und

---

1 Jes. 3, 10 nach der LXX.
2 Plato de rep. II 361 f.

Erlöser einige von den Verruchten ihr Urteil abgegeben, nachdem sie ihn gefesselt
hatten, wie auch gegen die Propheten, die
vieles Treffliche über den Mann geweissagt
hatten, daß ein solcher kommen werde, in
allem gerecht und tugendhaft, der allen
Menschen Wohltaten erweisen und sie zum
Zweck der Tugend anleiten werde, den Gott
aller zu verehren, den wir zuerst ehren, weil
wir seine heiligen Gebote kennengelernt
haben, die wir nicht kannten, und wir sind
nicht im Irrtum.

42. Und wenn das ein Irrglaube ist, wie
ihr meint, die Ansicht, die Seele sei unsterblich und es gebe nach dem Tod ein Gericht
und eine Belohnung der Tugend in der Auferstehung und Gott sei der Richter, so werden wir gerne diese Täuschung hinnehmen,
durch die wir am meisten das tugendhafte
Leben kennengelernt haben in der Erwar-
tung der zukünftigen Hoffnung, wenn wir
auch das Gegenteilige leiden.

43. Der Statthalter Perennis sagte: Ich
glaubte, Apollonius, du seiest endlich von
diesem Vorsatze abgekommen und ver-
ehrtest mit uns die Götter. 44. Apollonius

antwortete: Ich hoffte, o Statthalter, daß dir fromme Gedanken kommen und die Augen deiner Seele durch meine Verteidigungs- rede erleuchtet seien und daß dann dein Herz Frucht bringt, Gott den Schöpfer aller Dinge anbetet und ihm allein täglich durch Almosen und Menschenfreundlichkeit die Gebete darbringt, als ein unblutiges und reines Opfer für Gott 45. Der Statthalter Perennis sagte: Ich möchte dich freigeben, Apollonius, werde aber daran gehindert durch den Entscheid des Kaisers Kommo- dus[1]; ich will aber Humanität walten lassen in der Ausführung der Todesstrafe. Und er gab ein Zeichen gegen ihn, des Märtyrers Schenkel sollten zerschmettert werden[2]. 46. Apollonius aber der Asket sprach: Ich danke meinem Gott, Statthalter Perennis,

1 Unter dem Entscheid des Kaisers ist hier nichts anderes zu verstehen als der oben (nr. 13 und 23) erwähnte Senatsbeschluß, daß das Christentum verboten sei.
2 Nach Eusebius (h. e. V 21, 3) wurde diese Strafe vielmehr am Ankläger des Märtyrers, der ein Sklave gewesen zu sein scheint, vollzogen, und das verdient allen Glauben. Derselbe Eusebius berichtet (l. l. nr. 5), Apollonius selbst sei enthauptet worden; dasselbe meldet auch die alte armenische Bearbeitung der Apolloniusakten.

mit allen, die Gott den Allmächtigen und seinen eingeborenen Sohn Jesus Christus und den Heiligen Geist bekennen, auch für diesen, deinen für mich heilbringenden Urteilsspruch.

47. Ein solch ruhmreiches Ende erlangte mit nüchterner Seele und vorbereitetem Herzen dieser sehr heilige Kämpfer, der auch Asket heißt. Der bestimmte Tag aber, an welchem er, mit dem Bösen ringend, den Kampfpreis des Sieges davontrug, ist heute erschienen[1]. Wohlan denn, Brüder, wir wollen durch das Andenken an seine herrlichen Taten unsere Seele zum Glauben stärken und uns als Liebhaber solcher Gnade darstellen durch die Barmherzigkeit und Gnade Jesu Christi, mit welchem Gott dem Vater und dem Heiligen Geiste Ehre und Macht sei von Ewigkeit zu Ewigkeit. Amen.

Es litt aber der dreimal selige Apollonius der Asket nach römischer Berechnung am 11. vor den Kalenden des Mai, nach asiati-

---

1 Die Akten des Märtyrers pflegten also am Jahrestag seines Todes im Gemeindegottesdienst verlesen zu werden.

scher aber im achten Monat, nach unserer Zeitrechnung unter der Herrschaft Jesu Christi, dem Ehre sei in alle Ewigkeit![1]

---

1 Nach dieser Angabe hatte der Heilige am 21. April gelitten (nach der syrisch-mazedonischen Kalenderordnung begann das Jahr mit dem 1. Sept. oder dem 1. Okt.). In dem alten Martyrologium des Hieronymus wird als Todestag des hl. Apollonius der 18. April angegeben; das ist wohl so zu verstehen, daß an diesem Tag die Gerichtsverhandlung begann und dann nach dreitägiger Unterbrechung (nr. 11) am 21. April mit der Enthauptung des Angeklagten endete.

Die Akten
der heiligen Perpetua
und Felizitas[1]

1.

Wenn die alten Beispiele des Glaubens, die von der Gnade Gottes Zeugnis geben und zugleich die Erbauung des Menschen bewirken, darum schriftlich aufgezeichnet worden sind, damit bei ihrer Lesung durch eine gewisse neue Vergegenwärtigung der Dinge sowohl Gott geehrt als auch der Mensch gestärkt wird, warum sollten dann nicht auch neue Denkmäler, die in gleicher Weise zu beiden Zwecken dienen, schriftlich abgefaßt werden? Werden doch auch diese einmal in gleicher Weise alt und den Nachkommen nötig sein, wenn sie in ihrer gegenwärtigen Zeit wegen der nun einmal bestehenden Verehrung für das Altertum in geringerem Ansehen stehen. Die aber die gleiche Kraft des e i n e n Heiligen Geistes allen Zeitaltern zuschreiben, mögen sich vorsehen, da das Neuere für größer zu halten ist, weil es dem Ende näher steht und ein Überfluß

der Gnade gerade für die letzten Zeiten vorbehalten ist. Denn *in den letzten Tagen*, spricht
der Herr, *werde ich von meinem Geiste ausgie-
ßen über alles Fleisch, und ihre Söhne und Töch-
ter werden weissagen; auch über meine Knechte
und Mägde werde ich von meinem Geiste ausgie-
ßen, Jünglinge werden Gesichte sehen und Greise
Traumerscheinungen haben*[1]. Darum müssen
wir, da wir, wie die Prophezeiungen, so auch
die neuen gleichfalls verheißenen Gesichte
anerkennen und verehren und auch die übrigen Gnadenwirkungen des Heiligen Geistes
als bestimmt zur Unterstützung der Kirche
ansehen – dieser ist er gesandt worden, der
alle Gaben in allen wirkt, wie der Herr einem
jeden zugeteilt hat –, das aufzeichnen und
durch Lesung zur Ehre Gottes verherrlichen,
damit nicht Schwachheit oder Verzweiflung
am Glauben meine, nur mit den Alten sei
die Gnade Gottes gewesen und habe sie der
Märtyrer und Offenbarungen gewürdigt[2], da
doch Gott immer wirkt, was er verheißen hat,

---

1 Apg. 2, 17; Joel 2, 28.
2 Das klingt sehr montanistisch. Wohl nicht mit Unrecht
  hat man vermutet, daß der Redaktor dieser Akten
  Tertullian gewesen ist.

den Ungläubigen zum Zeugnis, den Gläubigen zum Trost. Daher verkündigen wir euch, Brüder und Söhne, was wir gehört und mitgemacht haben, damit einerseits ihr, die ihr dabei wart, euch wieder erinnert der Herrlichkeit des Herrn, anderseits ihr, die ihr es jetzt erst hört, Gemeinschaft habt mit den heiligen Märtyrern und durch sie mit dem Herrn Jesus Christus; ihm sei Herrlichkeit und Ehre in alle Ewigkeit. Amen.

2.

Es wurden junge Katechumenen ergriffen; Revokatus und seine Mitsklavin Felizitas, Saturninus und Sekundulus, unter ihnen auch Vibia Perpetua von vornehmer Geburt, fein erzogen und ehrbar verehelicht. Sie hatte einen Vater, eine Mutter, zwei Brüder von denen einer ebenfalls Katechumene war, und einen Sohn als Säugling. Sie war ungefähr 22 Jahre alt. Diese erzählt hier selbst den ganzen Hergang ihres Martyriums, wie sie ihn mit eigener Hand und in ihrem Sinne geschrieben hinterlassen hat.

3.

Als wir noch, sagt sie, mit den Häschern zusammen waren und mein Vater in seiner Liebe nicht aufhörte, mir zuzureden, um mich zum Abfall zu bringen, da sagte ich: Siehst du beispielsweise dieses hier liegende Gefäß, ein Krüglein oder sonst etwas? Er antwortete: Ich sehe es. Darauf sagte ich: Kann man es wohl anders nennen, als was es ist? Und er sagte: Nein. So kann auch ich mich nicht anders nennen, als was ich bin, eine Christin. Der Vater, durch dieses Wort aufgebracht, stürzte sich auf mich, um mir die Augen auszureißen; aber er quälte mich nur und ging davon, überwunden wie seine Teufelsredekünste. Da habe ich dann in den wenigen Tagen, wo ich den Vater los war, dem Herrn gedankt und mich durch seine Abwesenheit erholt. In dieser Frist von wenigen Tagen wurden wir getauft, und mir gab der Geist es ein, um nichts anderes zu bitten nach der Taufe als um das Ausharren des Fleisches. Nach einigen Tagen wurden wir in den Kerker gesteckt, und ich entsetzte mich, da ich noch nie eine solche Finsternis erfahren hatte. O schrecklicher Tag! Eine gewaltige Hitze; denn in ganzen Haufen wurden die Leute von den Soldaten hineingeworfen, und zuletzt quälte mich auch noch die Sorge um mein Kind. Da haben die guten Diakonen Tertius und Pomponius, die uns dienten[1], mit Geld erreicht, daß wir für einige Stunden an einer besseren Stelle des Kerkers uns erfrischen konnten. Da gingen alle aus dem Kerker und erholten sich: Ich säugte mein schon halb verschmachtetes Kind, um das besorgt ich die Mutter tröstete, meinen Bruder aber stärkte und ihm den Sohn empfahl; ich litt schwer, weil ich sie meinetwegen leiden sah. Solche Ängste habe ich viele Tage ausgestanden, erreichte aber, daß das Kind in meiner Pflege im Kerker blieb; es erholte sich, und ich fühlte mich erleichtert durch die Mühe und die

---

1 Auch die Briefe Cyprians zeigen, daß die Versorgung der Gefangenen zu den Aufgaben der Diakonen gehörte.

Sorge um das Kind; das Gefängnis wurde mir auf einmal zum Palast, so daß ich dort lieber als anderswo sein wollte.

4.

Da sagte mein Bruder zu mir: Frau Schwester, du hast schon eine solche Begnadigung, daß du eine Offenbarung erbitten kannst, damit dir gezeigt wird, ob es zum Leiden kommt oder ob wir frei werden. Und ich, die ich wohl wußte, daß ich mit Gott reden würde, von dem ich schon so viele Wohltaten erfahren hatte, versprach es ihm vertrauensvoll und sagte: Morgen werde ich es dir melden. Ich betete, und es wurde mir folgendes gezeigt: Ich sah eine eherne, sehr hohe Leiter, die bis an den Himmel reichte, aber so eng war, daß immer nur einer hinaufsteigen konnte; an den Seiten der Leiter waren allerlei Eisenwerkzeuge eingesteckt: Schwerter, Lanzen, Sicheln, Messer und Spieße, so daß, wer saumselig und nicht mit dem Blicke nach oben hinaufstieg, zerfleischt wurde und sein Fleisch an den Eisen hängen blieb. Unten an der Leiter lag ein gewaltig großer Drache, der den Aufsteigenden nachstellte und sie vom Aufstieg abschrecken sollte. Saturninus stieg zuerst hinauf, der sich nachträglich aus freien Stücken gemeldet und uns so zur Erbauung gedient hatte; als wir nämlich ergriffen wurden, war er nicht dabei. Er kam bis auf die Spitze der Leiter, wandte sich um und sagte zu mir: Perpetua, ich erwarte dich; doch sieh zu, daß dich dieser Drache nicht beißt! Und ich entgegnete: Er wird mir nicht schaden, im Namen Jesu Christi. Und er steckte unten von der Leiter her, als ob er mich fürchtete, sachte seinen Kopf hervor; ich aber trat ihm auf den Kopf, wie wenn ich auf die erste Stufe träte, und stieg hinauf. Und ich sah einen weit ausgedehnten Garten und in seiner Mitte einen altersgrauen Mann sitzen im Gewand eines Hirten; der war groß und molk die Schafe, und viele Tausende in weißen Kleidern standen umher, und er erhob sein Haupt, sah mich an und sagte zu mir: Willkommen, Kind. Er gab mir von dem Käse der Milch, die er molk, einen Bissen; ich empfing ihn mit zusammengelegten Händen und aß ihn, wobei die Umstehenden sagten:

Amen[1]. Und beim Laut der Stimme erwachte ich, noch essend das Süße, was immer es
auch war. Das habe ich sofort meinem Bruder berichtet, und wir erkannten daraus, daß
Leiden uns bevorstehen; da fing ich auch
schon an, keine Hoffnung mehr auf die Welt
zu setzen.

1 Ganz auf diese Weise pflegte man im Altertum die hl.
Kommunion zu empfangen. Der Hirte, den Perpetua
sah, war offenbar Christus, der die Seinen mit der hl.
Eucharistie nährt.

5.

Nach wenigen Tagen ging das Gerücht,
wir sollten verhört werden. Es kam aber
auch aus der Stadt mein Vater, ganz von Gram
verzehrt; er stieg zu mir hinauf, um mich zu
Fall zu bringen, und sagte: Tochter, erbarme dich meiner grauen Haare, erbarme dich
deines Vaters, wenn du mich noch für wert
hältst, dein Vater zu heißen; wenn ich dich
mit diesen Händen zu solcher Blüte des Alters aufgezogen, wenn ich dich allen deinen
Brüdern vorgezogen habe, so gib mich nicht
dem Spott der Menschen preis. Blicke auf
deine Brüder, blicke auf deine Mutter und
deine Tante, blicke auf dein Kind, das nach
deinem Tod nicht wird fortleben können.
Beuge deinen Sinn, richte uns nicht alle zugrunde, denn keiner von uns wird freimütig
reden, wenn dir etwas Schlimmes zustößt.
Das sagte er in seiner väterlichen Liebe; er
küßte mir die Hände, warf sich zu meinen

Füßen und nannte mich unter Tränen nicht mehr Tochter, sondern Frau. Mich schmerzte das Schicksal meines Vaters, daß er allein von meiner ganzen Familie sich über meine Leiden nicht freuen würde; ich tröstete ihn mit den Worten: Das wird auf jener Bühne[1] geschehen, was Gott will; denn wisse, daß wir nicht in unserer, sondern in Gottes Gewalt sein werden. Und er ging traurig von mir hinweg.

1 Gemeint ist die Gerichtstribüne.

6.

Als wir am anderen Tage eben frühstück-
ten, wurden wir plötzlich fortgeholt, um
verhört zu werden, und kamen in den Gerichtshof. Sofort verbreitete sich der Ruf davon in die Nachbarschaft, und es kam viel
Volk zusammen. Wir stiegen die Bühne hinauf. Die andern bekannten alle, als sie ge-
fragt wurden; dann kam man zu mir. Sofort
erschien auch der Vater wieder mit meinem
Kind, zog mich von der Stufe hinab und
sagte: Bitte um Gnade, erbarme dich deines
Kindes! Und der Prokurator Hilarianus[1], der
damals an Stelle des verstorbenen Prokonsuls Minucius Timinianus die Gerichtsbar-
keit über Leben und Tod hatte, sagte: Scho-
ne die grauen Haare deines Vaters, nimm
Rücksicht auf die Kindheit des Knaben, op-

---

1 Er ist später selbst proconsul Africae geworden (Tert.
   ad Scap. 3).

fere für das Wohl der Kaiser! Ich antwortete:
Das tu ich nicht. Darauf Hilarianus: Bist du
eine Christin? Und ich entgegnete: Ich bin
eine Christin. Und da mein Vater da stand,
um mich abzuziehen, wurde er auf Befehl
des Hilarianus hinabgestoßen und auch mit
der Rute geschlagen. Das Unheil meines Vaters ging mir zu Herzen; als wäre ich selbst
geschlagen worden, so schmerzte mich sein
unglückliches Alter. Darauf sprach er über
uns alle das Urteil, daß wir den wilden Tieren vorgeworfen werden sollten, und wir
stiegen heiter in den Kerker hinab. Weil aber
das Kind gewohnt war, von mir die Brust zu
empfangen und bei mir im Kerker zu bleiben, schickte ich sogleich den Diakon Pomponius zu meinem Vater und bat um das Kind.
Aber der Vater wollte es nicht geben. Und
nach Gottes Willen hat es weiter die Brust
nicht begehrt und diese hat mir auch keinen
Schmerz gemacht, damit ich nicht durch die
Sorge um das Kind und den Schmerz der
Brüste zugleich gequält würde.

7.

Nach wenigen Tagen, während wir alle beteten, brach mir plötzlich mitten im Gebete die Stimme hervor und ich nannte den Dinokrates. Ich staunte, daß er mir nie in den Sinn gekommen war als nur in diesem Augenblicke, und ich dachte mit Trauer an sein Schicksal. Ich erkannte auch sofort, daß ich würdig sei und für ihn beten müsse, und fing an, für ihn viele Gebete zu sprechen und zum Herrn zu seufzen. Sofort noch in derselben Nacht hatte ich folgendes Gesicht. Ich sehe den Dinokrates aus einem finsteren Ort, wo viele ganz erhitzt und durstig waren, in schmutziger Kleidung und blasser Farbe hervorkommen mit einer Wunde im Gesicht, die er hatte, als er starb. Dieser Dinokrates war mein leiblicher Bruder, der im Alter von sieben Jahren aus Schwäche wegen eines Krebsleidens im Gesicht elend starb, so daß sein Tod allen Menschen

ein Abscheu war[1]. Für diesen also hatte ich
gebetet, und es war zwischen mir und ihm
ein großer Zwischenraum, so daß wir beide nicht zueinander kommen konnten. Es
war ferner an dem Ort, an welchem Dinokrates sich befand, ein Bassin voll Wasser,
dessen Rand aber höher war als die Größe
des Knaben, und Dinokrates streckte sich
aus, als ob er trinken wollte. Ich war traurig
darüber, daß jenes Bassin voll Wasser war
und er doch wegen der Höhe der Umfassung nicht trinken konnte. Da erwachte ich
und wurde inne, daß mein Bruder litt; aber
ich vertraute, daß ich seiner Not abhelfen
werde, an all den Tagen, bis wir in den Kerker des Lagers übersiedelten; denn bei den
Spielen nahe dem Lager sollten wir kämpfen; es war damals der Geburtstag des Cä-
sars Geta[2]. Und ich betete für ihn Tag und

---

1 Es wird darüber gestritten, ob Dinokrates, als er starb,
  die hl. Taufe empfangen hatte. Neumann meint (Die römische Kirche S. 172), er sei als Heide gestorben; dagegen vertritt der hl. Augustinus die Ansicht, er habe
  vor seinem Tod die Klinikertaufe empfangen (De anima
  et eius origine I 10 und III 9).
2 Geta war der zweite Sohn des Kaisers Septimius Se-
  verus, regierte nach dessen Tod ein Jahr mit seinem

Nacht mit Seufzen und Tränen, damit er mir geschenkt werde.

Bruder Caracalla zusammen, wurde aber dann (212) auf dessen Anstiften ermordet. Er wurde nach dem Geschichtsschreiber Spartianus (Hist. Aug., Vita Getae c. 3) am 27. Mai geboren; ist also unter seinem ›natale‹ in der Passio Perpetuae wirklich sein Geburtstag zu verstehen, so muß Spartianus sich geirrt haben, da nach ganz glaubwürdigen Nachrichten (Chronograph vom Jahre 354 und Martyrol. Hieronymi) Perpetua am 7. März gelitten hat. Ruinart nimmt an, unter dem ›natale‹ in der Passio Perpetuae sei der Tag zu verstehen, an welchem Geta zum Cäsar befördert wurde, was aber wenig glaubwürdig ist.

8.

An dem Tag, an welchem wir im Kerker gefesselt blieben, hatte ich folgende Erscheinung. Ich sehe jenen Ort, den ich früher gesehen hatte, und den Dinokrates mit gewaschenem Leib, gut gekleidet und sich erholend; wo die Wunde gewesen war, sehe ich eine Narbe, und die Umfassung jenes Teiches war tiefer geworden bis an den Nabel des Knaben; ohne Aufhören schöpfte er Wasser aus dem Bassin. Über der Umfassung war auch eine goldene Schale voll Wasser; Dinokrates trat hinzu und fing an, aus der Schale zu trinken, und diese wurde nicht leer; nachdem er genug Wasser getrunken hatte, fing er froh nach Art der Kinder an zu spielen. Da erwachte ich und erkannte, daß er aus der Strafe entlassen war.[1]

---

1 Diese Erzählung bezeugt den Glauben der alten Christen an das Fegefeuer und an die Wirksamkeit des Gebets für die Verstorbenen.

9.

enige Tage danach ließ der Unteroffizier Pudens, der die Kerkeraufsicht führte und uns hochzuschätzen anfing, in der Erkenntnis, daß eine große Kraft in uns sei, viele zu uns herein, daß wir uns einander erheitern könnten. Als aber der Tag des Festspieles herankam, trat mein Vater zu mir herein, ganz von Gram verzehrt; er fing an, seinen Bart auszureißen und auf die Erde zu werfen, sich mit dem Gesicht auf den Boden hinzustrecken, seine Jahre zu verwünschen und solche Worte zu sprechen, die jeden Menschen ergreifen mußten. Mich schmerzte sein unglückseliges Alter.

10.

Am letzten Tage vor unserem Kampf sah ich in einer Erscheinung folgendes. Der Diakon Pomponius trat an die Tür des Kerkers und klopfte heftig; ich ging zu ihm hinaus und öffnete ihm; er trug ein weißes, ungegürtetes Gewand mit allerlei Verzierungen am unteren Saum. Er sprach zu mir: Perpetua, dich erwarten wir, komm! Er hielt mich bei der Hand, und wir fingen an, auf rauhen und windungsreichen Wegen zu gehen. Kaum waren wir endlich keuchend am Amphitheater angekommen, da führte er mich mitten in den Kampfplatz und sagte zu mir: Fürchte dich nicht; ich bin hier bei dir und helfe dir im Streit; dann ging er fort. Und ich sehe eine gewaltige, erstaunte Volksmenge. Und weil ich wußte, daß ich zu den Tieren verurteilt worden war, wunderte ich mich, daß keines von diesen auf mich losgelassen wurde. Es kam aber ein Ägypter heraus, häßlich von

Ansehen, der mit seinen Helfern gegen mich
kämpfen sollte; es kamen aber auch schöne Jünglinge zu mir, um mir zu helfen und
mich zu schützen; ich wurde entkleidet und
war ein Mann. Meine Beschützer fingen an,
mich mit Öl einzureiben, wie man das zum
Wettkampf zu tun pflegt; meinen Gegner dagegen, den Ägypter, sehe ich sich im Sande
wälzen. Dann kam ein Mann heraus, gewaltig groß, derart, daß er sogar den Giebel des
Amphitheaters überragte; er hatte auf seinem
Gewand Purpur, zwischen den zwei Purpur-
streifen noch mitten auf der Brust und unten am Gewand allerlei Anhängsel von Gold
und Silber; er trug auch einen Stab wie ein
Kampfrichter und einen grünen Zweig, an
dem goldene Äpfel hingen. Er gebot Still-
schweigen und sagte: Wenn der Ägypter
da diese überwindet, wird er sie mit dem
Schwert töten; überwindet sie ihn, bekommt
sie diesen Zweig. Dann ging er zurück. Wir
traten einander gegenüber und begannen
den Faustkampf; er suchte mir die Füße zu
fassen, ich aber stieß ihn mit den Fersen ins
Gesicht; ich wurde von der Luft in die Höhe
gehoben und fing an, ihn so zu schlagen, als

wenn ich nicht mehr auf der Erde stände; als ich aber Zeit fand, schlug ich die Hände zusammen, Finger an Finger, und faßte seinen Kopf; da fiel er auf das Angesicht und ich trat ihn auf den Kopf. Das Volk fing an zu schreien und meine Beschützer an zu singen; ich aber trat zum Kampfrichter und empfing den Zweig. Er küßte mich und sagte zu mir: Tochter, der Friede sei mit dir! Und ruhmvoll schritt ich zum sanavivarischen Tor hin. Da erwachte ich und erkannte, daß ich nicht gegen die Tiere, sondern gegen den Teufel kämpfen werde; aber ich wußte auch, daß mir der Sieg bevorstand. Das habe ich am Tage vor dem Festspiel geschrieben; was aber beim Festspiel selbst geschieht, möge aufschreiben, wer will.

11.

Aber auch der selige Saturus hat folgende Erscheinung, die er selbst gehabt hat,
aufgeschrieben und bekannt gemacht. Wir
hatten, sagt er, gelitten und gingen aus dem
Fleisch hinaus; da wurden wir von vier Engeln, deren Hände uns nicht berührten, nach
Osten getragen. Wir machten den Weg aber
nicht mit dem Rücken liegend und aufwärts
gerichtet, sondern so, als wenn wir einen
sanften Hügel hinanstiegen. Und als wir aus
der ersten Welt heraus waren, sahen wir ein
großes Licht, und Perpetua, die an meiner
Seite war, sagte: Das ist, was uns der Herr
verheißen hat, wir haben die Verheißung
empfangen. Und indem wir so von den vier
Engeln getragen wurden, öffnete sich uns
ein weiter Raum, wie ein Lustgarten; darin
waren Rosenbäume und Blumen aller Art.
Die Bäume waren so hoch wie Zypressen,
und ihre Blätter fielen ohne Unterlaß herab.

Dort in dem Lustgarten waren vier andere Engel, herrlicher als die vorigen; als diese uns sahen, erwiesen sie uns Ehre und sagten zu den anderen Engeln: Da sind sie, da sind sie! Mit Verwunderung und staunend setzten uns nun jene Engel, die uns getragen hatten, ab und wir durchschritten den Raum zu Fuß auf einem breiten Weg. Dort fanden wir den Jokundus, den Saturninus und den Artaxius, die in derselben Verfolgung lebendig verbrannt wurden, und den Quintus, der als Märtyrer im Kerker gestorben war, und fragten sie, wo die übrigen seien. Die Engel aber sprachen zu uns: Kommt zunächst hinein und grüßt den Herrn.

12.

Und wir kamen zu einem Ort, dessen Wände aus Licht gebaut zu sein schienen; vor dem Eingang dieses Ortes bekleideten uns, als wir eintraten, vier Engel mit weißen Gewändern. Wir traten ein und hörten eine vereinte Stimme, die unaufhörlich: Heilig, heilig, heilig rief. Und wir sahen in diesem Orte einen alten Mann sitzen, der schneeweißes Haar, aber ein jugendliches Angesicht hatte; seine Füße aber sahen wir nicht. Zu seiner Rechten aber und zu seiner Linken standen vier Älteste und hinter ihnen noch mehrere andere Älteste. Voller Bewunderung traten wir ein und standen vor dem Thron; die vier Engel hoben uns in die Höhe, wir küßten ihn, und er warf es uns von seiner Hand ins Antlitz zurück[1].

---

1 Lateinisch: et de manu sua traiecit nobis in faciem. Besser wohl die alte griechische Übersetzung: καὶ τῇ χειρὶ περιέλαβεν τὰς ὄψεις ἡμῶν, d.h.: Und mit der Hand umfaßte er unsere Gesichter.

Die übrigen Ältesten aber sagten uns: Laßt uns stehen! Und wir stellten uns und gaben den Friedenskuß. Und die Ältesten sagten zu uns: Geht jetzt und spielt! Da sagte ich zu Perpetua: Da hast du, was du verlangst. Und sie entgegnete mir: Gott sei Dank; wie ich im Fleisch fröhlich war, will ich es jetzt noch mehr sein.

B.

Wir gingen hinaus und sahen vor der Tür den Bischof Optatus zur Rechten und den Priester und Lehrer Aspasius zur Linken; sie standen da voneinander getrennt und traurig, warfen sich uns zu Füßen und sagten: Stiftet Frieden unter uns, weil ihr hinausgegangen seid und uns so zurückgelassen habt. Und wir sagten zu ihnen: Bist du nicht unser Bischof und du unser Priester, daß ihr euch uns zu Füßen legt? Und wir wurden gerührt und umarmten sie. Perpetua redete griechisch mit ihnen, und wir gingen mit ihnen in den Lustgarten unter einen Rosenbaum. Und während wir mit ihnen redeten, sagten die Engel zu ihnen: Laßt sie, sie sollen sich ergötzen; und wenn ihr Streitigkeiten untereinander habt, so vergebt einander; sie trieben sie fort und sagten zu Optatus: Bessere dein Volk. Denn so kommt man bei dir zusammen, als ob man aus dem

Zirkus zurückkehrte und in Parteien geteilt
stritte[1]. Es schien uns aber, als wollten sie
die Tore schließen. Und wir erkannten dort
viele Brüder, die auch Märtyrer waren[2]; wir
alle wurden mit einem unbeschreiblichen
Wohlgeruch erfüllt, der uns sättigte. Darauf
erwachte ich in freudiger Stimmung.

1 Diese Erzählung zeigt, wie groß damals die Erregung
   in der Christengemeinde zu Karthago war, sicher infolge der monatanistischen Propaganda; ihr schloß sich,
   wie es scheint, der Priester Aspasius an, während der
   Bischof Optatus ihr entgegentrat. Auch Tertullian hat
   damals den Montanismus angenommen.
2 Lateinisch: sed et martyras; ich verstehe das im oben
   genannten Sinne.

14.

Das sind die vorzüglicheren Gesicht dieser heiligen Märtyrer Saturus und Perpetua, die sie selbst niedergeschrieben haben. Den Sekundulus aber hat Gott durch einen früheren Ausgang aus der Welt noch im Kerker abgerufen, nicht ohne besondere Gnade, da die Tiere ihm erspart blieben. Wenn auch nicht seine Seele, so hat doch sicherlich sein Leib das Schwert kennengelernt.

15.

Was aber die Felizitas angeht, so wurde ihr die Gnade des Herrn auf folgende Weise zuteil. Als sie schon acht Monate schwanger war – denn in diesem Zustand wurde sie festgenommen – und der Tag des Schauspieles näher kam, war sie in tiefer Trauer, sie möchte wegen ihrer Schwangerschaft zurückbleiben müssen, da es nicht gestattet ist, Schwangere hinzurichten, und möchte später unter anderen Verbrechern ihr heiliges und unschuldiges Blut vergießen. Aber auch ihre Mitmärtyrer waren darüber sehr betrübt, daß sie eine so gute Genossin wie eine Begleiterin allein auf demselben hoffnungsvollen Weg zurücklassen sollten. Sie flehten und beteten daher einmütig drei Tage vor dem Festspiel zum Herrn. Und gleich nach dem Gebet befielen sie die Wehen. Als sie wegen der Schwierigkeiten, die immer eine Geburt im achten Monat macht,

viele Schmerzen litt, sagte einer von den
wachhaltenden Dienern: Wenn du jetzt so
jammerst, was wirst du erst tun, wenn du
den Tieren vorgeworfen bist, die du, als du
nicht opfern wolltest, verachtetest? Sie aber
antwortete: Jetzt leide ich selbst, was ich leide; dort aber wird ein anderer in mir sein,
der für mich leidet, weil auch ich für ihn leiden werde. So hat sie ein Mädchen geboren,
welches sich dann eine Schwester zur Tochter aufgezogen hat.

16.

Da nun der Heilige Geist es gestattete, ja es bestimmte, daß der Verlauf dieses Festspieles beschrieben werde, so erfüllen wir, obgleich wir der Vollendung der Beschreibung einer solchen Herrlichkeit unwürdig sind, dennoch in gewissem Sinne ein Gebot, ja den letzten Willen der heiligen Perpetua[1], indem wir noch einen Beweis ihrer Standhaftigkeit und Geistesgröße beifügen. Als sie von dem Tribun deshalb in der Nahrung knapper gehalten wurden, weil er nach den Zuflüsterungen einfältiger Menschen fürchtete, sie möchten durch gewisse Zauberkünste aus dem Kerker entführt werden, sagte sie ihm ins Gesicht: Warum gestattest du denn nicht, daß wir, die wir doch so vornehme Verbrecher sind, daß wir am Geburtstag des Cäsar zu seiner Ehre in den Kampf ge-

---

1 Vgl. oben c. 10, 15.

hen sollen, ordentlich genährt werden? Oder ist es nicht dein Ruhm, wenn wir stark und fett dort vorgeführt werden? Der Tribun erschrak, schämte sich und befahl, sie menschlicher zu behandeln, erlaubte auch, daß ihre Brüder und andere zu ihnen gehen und sich mit ihnen erheitern konnten. Damals wurde sogar der Kerkeraufseher gläubig.

17.

Tags vorher, als sie jenes letzte Mahl, das man das freie[1] nennt, soviel es ihnen möglich war, nicht als freies, sondern als Liebesmahl hielten, richteten sie mit derselben Unerschrockenheit Worte an das Volk, drohten mit dem Gericht Gottes, beteuerten die Glückseligkeit ihrer Leiden und verspotteten die Neugierde des zusammengelaufenen Volkes, wobei Saturus sagte: Ist euch der morgige Tag nicht genug, weil ihr das gerne seht, was ihr hasst? Heute seid ihr noch Freunde, morgen Feinde. Merkt euch aber nur gut unsere Gesichter, damit ihr uns am Gerichtstag wiedererkennet. Da gingen alle erschüttert davon und viele von ihnen glaubten.

---

1 Wir würden es das Henkersmahl nennen. Es fand stets am Tag vor den Tierhetzen öffentlich statt.

18.

Nun brach der Tag ihres Sieges an, und sie traten hervor aus dem Kerker in das Amphitheater, als ob sie in den Himmel gingen, heiteren und schönen Angesichtes, und wenn sie zitterten, so war es vor Freude, nicht aus Furcht. Perpetua kam langsamen Schrittes, wie eine Braut Christi, wie eine Dienerin Gottes; durch den hellen Blick ihrer Augen schlug sie die Blicke aller nieder. Ebenso kam Felizitas, froh, daß sie glücklich geboren hatte, um mit den Tieren zu kämpfen, von dem einen Blutvergießen zum anderen, zuerst Wehmutter, dann Fechterin, im Begriff, sich nach der Geburt durch eine zweite Taufe zu reinigen. Als sie zum Tor geführt worden waren und die Kleider anlegen sollten, die Männer die der Saturnuspriester, die Frauen die der Ceresdienerinnen, da hat jene großmütige Standhaftigkeit bis zum Ende sich geweigert. Sie sagte nämlich: Darum sind wir freiwillig hierhin gekommen, damit uns unsere Freiheit nicht genommen werde; darum haben wir unser Leben preisgegeben, um nichts derartiges tun zu müssen; diesen Vertrag haben wir mit euch abgeschlossen. Die Ungerechtigkeit hat hier das Recht anerkannt; der Tribun gestattete, daß sie so, wie sie waren, ohne weiteres hereingeführt würden. Perpetua sang, indem sie schon dem Ägypter den Kopf zertrat; Revokatus, Saturninus und Satyrus wiesen das zuschauende Volk auf das kommende Strafgericht hin. Als sie darauf vor das Angesicht des Hilarianus kamen, sagten sie ihm mit Gebärden und Mienen: Du richtest uns, Gott wird dich richten. Das hierüber ergrimmte Volk verlangte, daß sie der Reihe nach von den Jägern[1] mit Geißeln gezüchtigt werden sollten; sie allerdings freuten sich, daß sie auch etwas von den Leiden des Herrn erlangt hatten.

1 Diese standen in Reihen am Eingang des Amphitheaters und schlugen die Verurteilten, die an ihnen vorbeigehen mußten, mit Geißeln.

19.

Aber der gesagt hatte: *Bittet, und ihr werdet empfangen,* hat ihnen auf ihre Bitte den Ausgang gewährt, den ein jeder gewünscht hatte. Denn wenn sie so untereinander von dem Verlangen nach ihrem Martyrium redeten, dann bekannte Saturninus immer, er wünsche allen Tieren vorgeworfen zu werden, um nämlich eine herrlichere Krone zu bekommen. Und so wurden er und Revokatus beim Beginn des Schauspieles von einem Leoparden ergriffen und dann noch über das Gerüst hinaus von einem Bären zerrissen. Saturus aber scheute nichts mehr als den Bären und wünschte sich, schon allein durch den Biß eines Leoparden getötet zu werden. Als er daher einem Eber vorgeworfen wurde, wurde vielmehr der Jäger, der ihn dem Eber vorgeführt hatte, von dieser Bestie verwundet und starb nach den Festtagen; Saturus aber wurde nur geschleift.

Und als man ihn dann für einen Bären an die Brücke band, wollte der Bär nicht aus seiner Höhle heraus; so wurde Saturus zum zweiten Mal unverletzt zurückgeführt.

20.

Für die Frauen aber hat der Teufel eine sehr wilde Kuh bestimmt, die gegen die Gewohnheit hierfür herbeigeschafft worden war, damit auch die Bestie desselben Geschlechtes wäre. Sie wurden also entkleidet und mit Netzen umhüllt vorgeführt. Das Volk aber schauderte, da es in der einen ein zartes Mädchen, in der anderen eine junge Mutter mit noch milchtropfenden Brüsten sah. Darum wurden sie zurückgerufen und mit losen Gewändern bekleidet. Zuerst wurde Perpetua hingeworfen und fiel auf die Lenden; sie setzte sich aufrecht und zog ihr Kleid, das an der Seite zerrissen war, zurück zur Verhüllung ihres Oberschenkels, mehr um ihre Scham als um ihren Schmerz besorgt. Darauf flocht sie mit einer Nadel ihre Haare in einen Bund zusammen; denn es war ungeziemend, daß eine Märtyrin mit fliegenden Haaren litt, damit es nicht schien, als ob sie bei ihrer Verherrlichung trauere. So stand sie auf, und als sie die Felizitas am Boden liegend sah, trat sie zu ihr hinzu, reichte ihr die Hand und hob sie auf. Nun standen beide da und wurden, da die Grausamkeit des Volkes besiegt war, zum sanavivarischen Tor zurückgebracht. Dort wurde Perpetua von einem gewissen Rustikus, der damals noch Katechumene war und ihr anhing, aufgenommen; wie vom Schlaf erwacht – so sehr war sie im Geiste und in Verzükkung gewesen – fing sie an, sich umzusehen und sagte zum Staunen aller: Wann werden wir denn jener, ich weiß nicht welcher, Kuh vorgeworfen werden? Als sie dann hörte, daß es schon geschehen war, glaubte sie es nicht eher, als bis sie einzelne Merkmale des überstandenen Leidens an ihrem Leib und an ihrer Kleidung erkannte. Darauf ließ sie ihren Bruder kommen und redete ihn und den Katechumenen also an: Steht fest im Glauben, liebt einander und nehmt an unseren Leiden keinen Anstoß!

21.

Inzwischen redete Saturus an einem anderen Tor dem Soldaten Pudens[1] zu und sagte: Bis jetzt habe ich überhaupt, sowie ich vorausgesehen und vorhergesagt habe, noch mit keinem der Tiere zu tun gehabt. Glaube jetzt von ganzem Herzen: Siehe, ich gehe jetzt hier heraus und werde von einem einzigen Biß eines Leoparden getötet. Und sofort wurde er am Ende des Schauspieles, als ein Leopard losgelassen worden war, durch einen einzigen Biß desselben so mit Blut übergossen, daß das Volk ihm bei seiner Rückkehr Zeugnis von seiner zweiten Taufe gab, indem es rief: Möge dir das Bad wohl bekommen, möge dir das Bad wohl bekommen![2] Freilich war er in jeder Hinsicht geheilt, der also gewaschen

---

1 Es ist offenbar derselbe, wie der oben c. 9 erwähnte Pudens.
2 Lateinisch: Salvum lotum, salvum lotum!

worden war. Er sagte noch zu dem Soldaten Pudens: Lebe wohl, gedenke des Glaubens und meiner, und das hier möge dich
nicht irre machen, sondern bestärken! Zugleich erbat er sich den Ring von seinem
Finger, tauchte ihn in sein Blut und gab
ihn ihm als Erbstück zurück, indem er ihm
ein Unterpfand und ein Andenken an sein
Blut hinterließ. Darauf wurde er, schon fast
entseelt, mit den übrigen an die gewohnte
Stelle geworfen, um den Todesstreich zu erhalten. Und da das Volk sie in der Mitte zu
sehen verlangte, um seine Augen an ihrem
Tod zu weiden, wenn das Schwert in ihren
Leib drang, da erhoben sie sich selbst und
begaben sich dahin, wohin das Volk wollte,
nachdem sie vorher einander geküßt hatten,
um ihr Martyrium mit dem feierlichen Friedenskuß zu vollenden. Die übrigen empfin-
gen regungslos und lautlos den Todesstoß,
am meisten Satyrus; er, der zuerst die Leiter
hinaufgestiegen war, gab auch zuerst den
Geist auf und erwartete die Perpetua. Perpetua aber, um doch auch etwas von Schmerzen zu kosten, schrie auf, als sie zwischen
die Rippen getroffen wurde, und führte die

schwankende Hand des noch unerfahrenen Gladiators zu ihrer Kehle. Vielleicht hätte eine solche Frau anders nicht getötet werden können, da sie von dem unreinen Geiste gefürchtet wurde, wenn sie nicht selbst gewollt hätte.

O heldenmütige und hochheilige Märtyrer! O wahrhaft Berufene und Auserwählte zur Herrlichkeit unseres Herrn Jesu Christi! Wer diese verherrlicht, ehrt und anbetet, der muß ohne Zweifel auch solche Beispiele, die den alten nicht nachstehen, zur Erbauung der Kirchen[1] lese, damit auch die neuen Wunderkräfte dafür Zeugnis ablegen, daß ein und derselbe Geist bis jetzt noch fortwirkt und Gott der allmächtige Vater und sein Sohn Jesus Christus unser Herr, dem Ehre sei und unermeßliche Macht in alle Ewigkeit. Amen.

---

1 Noch zur Zeit des hl. Augustinus wurde die Passio Perpetuae in den Kirchen Afrikas vorgelesen (Aug. serm. 280–282).

Die Akten des heiligen Pionius und seiner Genossen[1]

1 Siehe die Vorbemerkungen S. 27. Ich folge in der Übersetzung dem lateinischen Texte Ruinarts; Abweichungen
   von diesem werden unten vermerkt; charakteristische
   Zusätze des griechischen Texts oben in Klammern bei-
   gefügt.

1.

Daß man die Verdienste der Heiligen im Andenken erhalten müsse, befiehlt der Apostel[1], weil er weiß, daß durch die Erinnerung an ihre Taten bei tüchtigen Männern die Flamme in ihrer Brust zunimmt, besonders bei jenen, die tatkräftig solche Männer nachzuahmen sich bestreben und mit vorzüglichem Eifer sie zu erreichen suchen. Darum darf das Leiden des Märtyrers Pionius nicht verschwiegen werden, weil er, als er noch im Leben war, bei vielen Brüdern die Finsternis der Unwissenheit verscheucht hat und, als er später Märtyrer wurde, denjenigen, denen er im Leben seine Lehre beigebracht hatte, in seinem Leiden ein Beispiel gezeigt hat[2].

---

1 Welche Stelle gemeint ist, läßt sich nicht sagen.
2 Der Grieche fügt hier bei, daß der Märtyrer selbst diese Schrift hinterlassen habe.

2.

Am zweiten Tage also des sechsten Monates, am 11. März[1], einem großen Sabbat
(in der Verfolgung des Decius), hat die Gewalt der Verfolgung den (Priester) Pionius,
die Sabina, den Asklepiades, die Makedonia
und den Lemnus, einen Priester der katholischen Kirche, als sie den Geburtstag des
Märtyrers Polykarp feierten[2], erfaßt. Doch
hat Pionius, den Gott ganz in seinem frommen Glauben zeigte, die ihm bevorstehen-
den zukünftigen Leiden, weil er sie nicht
fürchtete, vorhergesehen. Am Tag nämlich
vor dem Fest des Märtyrers Polykarp, als er
mit Sabina und Asklepiades fastete, sah er

1 An diesem Tag wird in der griechischen Kirche das Andenken an den hl. Pionius gefeiert; in den lateinischen
  Martyrologien steht sein Name am 1. Februar.
2 Der hl. Polykarp starb »am zweiten des Monates Xanthikus, am 22. Februar, an einem großen Sabbat« (mart.
  Polyc. c. 21). Der Xanthikus war der 6. Monat des ma-
  zedon. Jahres.

im Traume, daß er am folgenden Tage ergriffen werden solle. Da er dies nun offen
und unzweideutig erkannte und ihm die Erscheinung so klar vorkam, hat er seinen, der
Sabina und des Asklepiades Hals mit einem
Strick umwunden, damit die, welche kamen,
um sie zu fesseln, wenn sie sie gefesselt sä-
hen, wüßten, daß sie nichts Unerwartetes
antun könnten und erkennen würden, daß
sie nicht wie die übrigen, welche die Opfer
kosteten, zu führen seien, da sie sich schon
selbst, bevor es ihnen befohlen wurde, die
Fesseln angelegt hatten als ein Zeugnis ihres
Glaubens und als ein Anzeichen ihres guten
Willens.

3.

Als sie am Sabbat ihr Gebet verrichtet und heiliges Brot und Wasser genossen hatten, kam der Tempelwächter Polemon mit einer Schar solcher an, welche das höhere Gericht dem Polemon zur Aufspürung der Christen beigegeben hatte. Als er den Pionius sah, brachte er folgende Worte aus seinem unheiligen Mund hervor: Wisst ihr, daß der Kaiser deutlich geboten hat, die Opfer mitzufeiern? Pionius antwortete: Gewiß kennen wir Gebote, aber jene allein, die uns gebieten, Gott zu verehren. Der Tempelwächter sagte: Kommt zum Gerichtshof, damit ihr erkennet, daß mein Ausspruch wahr ist! Sabina aber und Asklepiades sagten mit lauter Stimme: Wir gehorchen dem wahren Gott. Und als sie nun als Opfer zur Gerichtsstätte geführt wurden, da gewahrte das Volk die Stricke an ihrem Hals und, wie das bei dem unvernünftigen, neugierigen Volk gewöhnlich ist, drängte es sich verwundert so, daß der eine den andern fortstieß und dann wieder fortgestoßen wurde. Als nun der Zug im Gerichtshof angekommen war (an der östlichen Halle bei dem Doppeltor), da füllte sich der ganze Platz, soviel Raum er hatte, ja sogar die Dächer der heidnischen Häuser mit einer ungeheuren Volksmasse. Auch große Scharen von Weibern waren da; denn es war Sabbat, und die Weiber der Juden waren wegen des Festtags frei von Arbeit. Von allen Seiten trieb die Neugierde Menschen jedes Alters zusammen, und denen die nötige Körperlänge fehlte, um alles sehen zu können, die stellten sich auf die Bänke oder bestiegen die Bogen, damit ihnen das Wunder nur nicht entginge; so suchten sie künstlich zu ersetzen, was ihnen die Natur versagt hatte.

4.

ls nun die Märtyrer in der Mitte standen, sagte Polemon: Es wäre gut, Pionius, wenn du und die andern gehorchen, die Befehle erfüllen und so den Strafen entgehen würdet. 2. Jedoch der selige Märtyrer Pionius antwortete auf diese Worte mit erhobener Hand und mit fröhlichem, heiterem Angesicht in folgender Rede:

»Ihr Männer, die ihr frohlockt über die Schönheit eurer Mauern, die ihr euch freut der Zierde eurer Stadt Smyrna und euch rühmt des Dichters Homer[1], und wenn etwa unter euch auch Juden sind, hört auf die wenigen Worte, die ich zu euch rede. 3. Ich höre nämlich, daß ihr über die spottet, die entweder freiwillig sich zum Opfern melden oder bei Anwendung von Zwang sich

---

1 Unter den Städten, die sich rühmten, die Heimat des Homer zu sein, steht Smyrna an erster Stelle.

zu opfern nicht weigern, daß ihr in diesen
die Seelenschwäche, in jenen die freiwillige
Irrung verurteilt; 4. ihr müßtet vielmehr eurem Lehrer und Meister Homer folgen, der
es für unrecht erklärt, sich über die Toten
zu freuen, da mit den des Lichtes Beraub-
ten kein Streit, mit den Toten kein Kampf
mehr sein soll[1]. 5. Ihr Juden aber solltet den
Gesetzen des Moses folgen, der sagt[2]: *Wenn
deines Feindes Tier fällt, so sollst du nicht vorbeigehen, ohne ihm aufzuhelfen.* 6. Im gleichen
Sinne und in ähnlicher Rede hat Salomon
gesagt[3]: *Über einen gefallenen Feind frohlocke
nicht, und erfreue dich nicht an fremdem Un-
glücke.* 7. Darum will ich lieber sterben und
alle Strafen erdulden und, in die größten
Drangsale gebracht, unermeßliche Qualen
empfinden, wenn ich nur nicht das, was ich
gelernt oder was ich gelehrt habe, verkehre.
8. Wie aber können Juden in ein schallendes
Gelächter ausbrechen, um die zu verspotten,

---

1 Od. 22, 412: »Sünde wäre, sich erschlagener Männer
   zu rühmen«; mit diesen Worten tadelt Odysseus seine
   Amme Eurykleia, die sich über die Ermordung der
   Freier freute.
2 Ex. 23, 5.
3 Spr. 24, 17.

die gezwungen oder freiwillig opfern? Auch uns verschonen sie nicht mit ihrem Hohngelächter und rufen es uns mit schmähsüchtigen Worten nach, daß wir Zeit genug zur Freiheit gehabt haben. Sind wir auch ihre Feinde, so sind wir doch auch Menschen. 9. Was für Verluste haben sie denn durch uns erlitten? Welche Strafen haben sie durch uns zu fühlen bekommen? Wen haben wir mit Worten verletzt? Wen haben wir mit ungerechtem Hass verfolgt? Wen haben wir, mit viehischer Grausamkeit einschreitend, zum Opfern getrieben? 10. Haben sie nicht die nämlichen Sünden auf sich, die jetzt aus Menschenfurcht begangen werden? Es ist ein großer Unterschied, ob man wider Willen oder mit Willen sündigt; und zwar ist zwischen dem, der gezwungen wird, und dem, welchen niemand zwingt, der Unterschied, daß bei diesem die Seele, bei jenem die Umstände die Schuld tragen. 11. Wer hat die Juden gezwungen, den Götzendienst des Beelphegor[1] mitzumachen oder den Toten-

---

1 Es ist das der Gott Baal, den die Moabiter auf dem Berg Phogor verehrten.

feiern beizuwohnen[1] oder von den Opfern der Toten zu essen[2] oder mit den Töchtern der Midianiter schändliche Unzucht und hurerische Wollust zu treiben?[3] Oder ihre Kinder zu verbrennen[4], gegen Gott Murren zu erregen oder von Moses heimlich Böses zu reden?[5] Wer hat so viele Wohltaten vergessen, wer hat solche Undankbarkeit bewirkt? Wer hat sie gezwungen, daß sie wieder nach Ägypten zurückkehren wollten? Oder wer hat, als Moses zum Empfang des Gesetzes auf den Berg gestiegen war, den Aaron dazu gebracht, zu sprechen: Mach uns Götter, mach uns ein Kalb, und das andere, was sie getan haben? 12. Allerdings euch, Heiden, könnten sie vielleicht betrügen, durch irgendeine List eure Ohren täuschen; bei uns aber wird keiner von ihnen eine Lüge anbringen können. Sie mögen euch die Bücher der Richter, der Könige und den Exodus hersagen und das übrige zeigen, wo-

1 Ps. 105, 28 ff.
2 Num. 25, 3.
3 Num. 25, 6 ff.
4 Jer. 7, 31; Ez. 23, 39.
5 Exod. 15.

durch sie überführt werden. 13. Allein ihr
fragt, warum so viele freiwillig zum Opfern
hingehen, und wegen dieser wenigen verspottet ihr die übrigen. 14. Stellt euch eine
Tenne vor, die mit Weizen angefüllt ist. Ist
der Haufen der Spreu größer oder der des
Weizens? Wenn nämlich der Bauer mit der
zweispitzigen Gabel oder mit der Hand den
Weizen umwendet, so wird die leichte Spreu
vom Wind weggeweht, das schwere und fe-
ste Korn aber bleibt an seinem Ort liegen.
15. Wenn man im Meer die Netze auswirft,
kann dann alles, was man herauszieht, vor-
trefflich sein? Wißt also, daß die, welche ihr
seht, solche sind und daß das der Grund
dafür ist, daß Böses mit Gutem und Gutes
mit Bösem vermischt ist; wenn du die Waa-
ge nehmen willst, zeigt sich der Unterschied,
und was das Bessere ist, wird beim Vergleich
offenkundig. 16. Auf welche Weise also wollt
ihr, daß wir die Strafen, die ihr uns antut,
ertragen? Als Gerechte oder als Ungerechte?
Wenn als Ungerechte, so beweist ihr euch
auf diese Weise als noch ungerechter, da gar
kein Grund da ist, uns zu verfolgen. Wenn
aber als Gerechte, so bleibt euch keine

Hoffnung, da schon Gerechte so viel leiden müssen. *Denn wenn der Gerechte kaum selig wird, wie wird es dem Sünder und Gottlosen ergehen?*[1] 17. Denn ein Gericht steht der Welt bevor, über dessen Nähe wir aus vielen Anzeichen gewiß sind. 18. Denn ich habe das ganze Land der Juden durchwandert und habe alles gesehen; ich bin über den Jordan gegangen und habe das Land gesehen, das in seiner Verwüstung ein Zeuge war für den Zorn Gottes, weil seine Einwohner entweder Fremde ohne alle Menschlichkeit töteten oder mit Verletzung des Gastrechtes Männer in unnatürlicher Unzucht wie Weiber vergewaltigten. 19. Ich habe den Boden gesehen, der, durch die Gewalt himmlischen Feuers ausgebrannt, in Staub und Asche verwandelt ist, trocken und unfruchtbar da liegt. 20. Ich habe das Tote Meer gesehen, in welchem das flüssige Element aus Furcht vor Gott seine Natur geändert hat; ich sah das Wasser, das kein Lebewesen ernährt und aufnimmt, sogar den Menschen, wenn es ihn aufnimmt, sofort wieder auswirft, damit es nicht wie-

---

1 Spr. 11, 31; 1 Petr. 4, 18.

der wegen des Menschen in Schuld und
Strafe fällt. 21. Doch was rede ich zu euch
von so weit entlegenen Dingen? Ihr Heiden
seht und erzählt von dem Brand, von dem
an Felsen glühenden Feuer, berichtet auch
von dem in Lykien[1] und auf verschiedenen
Inseln aus dem Innersten der Erde hervor-
brechenden Feuer. 22. Oder wenn ihr das
nicht sehen konntet, so betrachtet die heißen
Wasser, ich meine nicht jene, die man warm
macht, sondern die es von Natur sind; blickt
auf die lauen und dort kochenden Quellen,
wo sonst das Feuer zu erlöschen pflegt; wo-
her soll dies Feuer sein, wenn es nicht mit
dem Höllenfeuer in Verbindung steht? 23.
Ihr sagt ja, daß die Welt teils durch Feuer,
teils durch Überschwemmungen gelitten
habe, nach eurer Auffassung unter Deuka-
lion, nach der unsrigen unter Noe. So kommt
es, daß aus den verschiedenen Tatsachen die
allgemeinen Wahrheiten erkannt werden. 24.
Darum predigen wir euch von dem Gericht
durch den Logos Gottes, Jesus Christus, der

---

1 In Lykien war der berühmte feuerspeiende Berg Chi-
   mära.

im Feuer kommen wird. Darum beten wir eure Götter nicht an und verehren auch eure goldenen Statuen nicht, weil in ihnen nicht die Religion geübt, sondern die Menge geschätzt wird.«

5.

Diesen und ähnlichen Reden, die sich lange hinzogen, weil der Märtyrer nicht schweigen wollte, hörten Polemon und das ganze Volk so aufmerksam zu, daß keiner ihn zu unterbrechen wagte. Als dann Pionius wiederholte: Eure Götter beten wir nicht an, und goldenen Statuen zollen wir keine himmlische Verehrung, führte man sie in den Vorhof. Hier suchte das herumstehende Volk mit Polemon den seligen Märtyrer zu bereden und redete ihm also zu: Pionius, folge uns; denn vieles ist an dir, wegen dessen zu wünschen wäre, daß du am Leben bleibst. Denn du bist wert zu leben sowohl wegen deiner Rechtschaffenheit als auch wegen deiner Sanftmut. Es ist ja schön, zu leben und den Odem dieses Lichtes zu schöpfen. Als sie noch vieles andere sagten, erklärte Pionius: Auch ich sage, daß es schön ist, zu leben und das Licht zu genießen, aber jenes, nach dem wir verlangen. Es ist ein anderes Licht, das wir begehren, und diese Gaben Gottes verlassen wir nicht als Undankbare, sondern wir verlassen sie, weil wir größere hoffen, für Besseres verachten wir sie. Ich lobe euch, daß ihr mich der Liebe und Ehre für würdig haltet; aber wir vermuten, daß das nur Hinterlist ist; immer aber hat ausgesprochener Haß weniger geschadet als hinterlistige Schmeichelei.

6.

Nach diesen Worten sagte ein gewisser Alexander, ein boshafter Mensch aus dem Volke, zu Pionius: Du mußt auch unseren Reden Gehör schenken. Er aber antwortete: Du vielmehr mußt hören; denn was du weißt, weiß ich auch, aber du verstehst das nicht, was ich weiß. Da sagte jener, spottend über die Ketten des Märtyrers: Was bedeuten denn diese Ketten? Er antwortete: Damit man nicht glaube, wenn wir durch die Stadt geführt werden, wir gingen zum Opfer, und damit ihr uns nicht, wie die andern, zu den Tempeln führt, zugleich auch, damit ihr einsehen könnt, daß ihr uns nicht zu fragen braucht, da wir ja freiwillig in den Kerker gehen. Als er nun schwieg und das Volk fortfuhr, ihn zu beschwören und ihm zuzureden, antwortete der selige Märtyrer noch einmal: Das haben wir beschlossen, und es steht fest, daß wir bei dem beharren, was wir gesagt haben. Und als er nun die Umstehenden mit scharfen Worten entschieden zurechtwies, das Vergangene ihnen vorhielt und sie auf die Zukunft aufmerksam machte, sagte Alexander: Was haben wir eure Predigten nötig, da ihr die Möglichkeit nicht habt, länger zu leben, vielmehr die Notwendigkeit groß ist, daß ihr sterbet?

7.

Als aber das Volk sich anschickte, ins Theater zu gehen, um dort auf den Sitzen im Schauplatz die Worte des seligen Märtyrers besser hören zu können, traten einige zu Polemon hin und sagten ihm etwas ins Ohr, um ihn zu überzeugen, im Volk wird eine Bewegung und ein Aufstand entstehen, wenn er dem seligen Märtyrer Gelegenheit zu reden gebe. Als Polemon das hörte, redete er den Pionius also an: Wenn du dich zu opfern weigerst, so komm wenigstens zum Tempel. Jener antwortete: Es nützt eurer Sache nichts, wenn wir zu den Tempeln kommen. Darauf Polemon: Also so verstockt ist dein Sinn, daß man dich nicht überzeugen kann! Und Pionius: O könnte ich euch doch bewegen und bereden, Christen zu werden. Über diese Rede lachten einige und sagten laut: So etwas wirst du nicht erreichen, auch wenn wir lebendig verbrannt werden. Jener entgegnete: Noch schlimmer ist es, nach dem Tod zu brennen. Bei diesem Wortwechsel sahen einige die Sabina lachen und sagten zu ihr, wie drohend, mit starker Stimme: Du lachst? Sie antwortete: Ich lache, wenn Gott es will; wir sind Christen. Da sagten sie zu ihr: Du wirst leiden, was du nicht willst; denn die nicht opfern, müssen in den Hurenhäusern den Dirnen zur Gesellschaft und den Kupplern zur Befriedigung ihrer Lust dienen. Jene antwortete: Wie es Gott gefällt.

8.

Wiederum sagte Pionius zu Polemon: Wenn du den Auftrag hast, uns zu überreden oder zu bestrafen, dann mußt du zum Bestrafen übergehen, da du uns nicht überreden kannst. Da erklärte Polemon, durch diese scharfe Rede gereizt: Opfere. Pionius antwortete: Das werde ich nicht tun. Wieder sagte er zu ihm: Warum nicht? Jener darauf: Weil ich ein Christ bin. Polemon fragte weiter: Welchen Gott verehrst du? Pionius antwortete: Den allmächtigen Gott, der Himmel und Erde gemacht hat, das Meer und alles, was darin ist, und uns alle; der uns alles gibt und darreicht, den wir durch seinen Logos Jesus Christus kennengelernt haben. Darauf Polemon: Opfere wenigstens dem Kaiser! Jener antwortete: Einem Menschen werde ich nicht opfern.

9.

Als nun der Notar alle Antworten in die Wachstafel eingetragen hatte, sagte Polemon zu Pionius: Wie heißt du? Pionius antwortete: Christ. Polemon: Von welcher Kirche? Pionius antwortete: Von der katholischen. Nun wandte sich Polemon von Pionius weg und richtete seine Rede an Sabina, welcher Pionius früher, damit sie nicht in die Gewalt ihrer heidnischen Herrin (Politta) zurückfalle, gesagt hatte, sie möchte ihren Namen verändern und unter dem Namen Theodota der Gewalt der Grausamkeit entgehen (Jene hatte nämlich zur Zeit des Gordianus[1]), die Sabina vom Glauben abbringen wollen und sie gefesselt ins Gebirge verstoßen, wo sie heimlich von den Brüdern Nahrungsmittel erhielt; danach trug man Sorge, daß sie sowohl von der Politta wie

---

1 Die drei Kaiser mit Namen Gordianus regierten um 240.

auch von den Fesseln loskam; sie lebte nun gewöhnlich bei Pionius und war mit ihm in dieser Verfolgung verhaftet worden. Da sagte Polemon: Wie heißt du? Sie antwortete: Theodota und Christin. Polemon: Wenn du Christin bist, welcher Kirche gehörst du an? Sie antwortete: Der katholischen. Polemon: Welchen Gott verehrst du? Sie antwortete: Den allmächtigen Gott, der Himmel und Erde, das Meer und alles, was darin ist, erschaffen hat, den wir durch seinen Logos Jesus Christus erkannt haben. Als er dann den nahe dabei stehenden Asklepiades fragte, wie er heiße, antwortete Asklepiades: Christ. Polemon: Von welcher Kirche? Asklepiades: Von der katholischen. Polemon: Welchen Gott verehrest du? Er antwortete: Christus. Polemon: Wie, ist das ein anderer? Er antwortete: Nein, es ist derselbe, den auch diese soeben bekannt haben.

10.

Nach diesen Worten und Verhandlungen wurden sie zum Kerker geführt, wobei ein großer Teil des Pöbels und eine gewaltige Volksmenge ihnen das Geleit gab, welche so zahlreich herbeigeströmt war, daß sie den Platz Martha erfüllte und daß der Zugang durch die Volkeswogen fast versperrt wurde. Da sagten einige, als sie die schöne rote Farbe im Angesicht des seligen Märtyrers bemerkten, voll Verwunderung: Was ist das, daß der immer so bleiche Mensch auf einmal seine Farbe in Rot verändert hat? Und als Sabina aus Furcht vor dem Volksgedränge sich fest an seiner Seite hielt, sagte jemand: Du hältst dich so an ihn, als ob du fürchten würdest, von deiner Amme weggerissen zu werden. Ein anderer aber rief mit lauter Stimme: Sie sollen gezüchtigt werden, wenn sie nicht opfern wollen. Dem erklärte Polemon: Wir können es nicht, denn wir haben keine Rutenbündel und Stöcke. Ein anderer sagte spöttisch: Sieh, wie das Männlein zum Opfern wandert! Das bezog sich auf den Asklepiades, der bei Pionius war. Pionius aber entgegnete: Das wird der nicht tun. Ein anderer aber sagte laut: Dieser oder jener wird opfern. Pionius erklärte: Jeder hat seinen eigenen Willen; ich heiße Pionius; es geht mich nicht an, daß einer opfert; wer es tut, soll seinen Namen angeben. Während sie so miteinander redeten, sagte einer aus dem Volk zu Pionius: Warum eilst du, da du doch so wißbegierig und so gelehrt bist, hartnäckigen Sinnes zum Tod? Diesem antwortete Pionius: Weil ihr an meine Hinrichtung glaubt, muß ich um so mehr halten, was ich begonnen habe. Denn auch ihr wisst, wie viele Todesfälle und wie schrecklichen Hunger und wieviel anderes ihr erfahren habt. Einer aus dem Volk sagte zu ihm: Auch du hast mit uns Not gelitten. Er antwortete: Ja, aber mit der Hoffnung, die ich im Herrn hatte.

11.

Kaum aber konnten die Kerkeraufseher wegen des Gedränges durch die Tür hineinkommen. Als sie endlich durchdrangen und den Pionius und die übrigen einsperrten, fanden diese dort einen Priester der katholischen Kirche mit Namen Lemnus und eine Frau namens Makedonia aus dem Dorf Karina (und einen gewissen Eutychianus) von der Sekte der Phryger[1]. Als nun die frommen Diener Gottes beisammen waren, bemerkten die Kerkerwächter, daß Pionius das, was ihm von den Gläubigen gebracht wurde, festen Willens mit den Seinigen zurückwies und sagte: Ich bin oft in großer Not und doch niemandem zur Last gewesen; wie sollte ich nun gezwungen sein, etwas anzunehmen? Darüber gerieten die Kerkerwächter, welche sie früher mit

---

1 D. i. der Montanisten.

großer Menschlichkeit behandelt hatten, in Zorn und schlossen sie in den inneren Teil des Kerkers ein, damit sie dort ohne alle humane Behandlung und ohne Licht in einem finstern, stinkenden Loch große Qualen erdulden müßten. An dieser Stelle ganz abgeschnitten, priesen sie Gott und sangen viele Hymnen zu seiner Ehre. Nachdem sie lange in diesem Lob Gottes verharrt hatten, schwiegen sie eine Zeitlang und besorgten ihre gewöhnlichen Verrichtungen. In den Herzen der Wächter aber hat, was der Zorn ihnen eingegeben hatte, die nachfolgende Strafe wieder verdammt: sie wollten sie zu dem anderen Teil wieder zurückbringen. So kamen sie wieder an den Ort, wo sie früher gewesen waren, und sagten laut: Dir, o Herr, wollen wir ohne Unterlaß lobsingen; denn das, was geschehen ist, gereiche uns zum besten.

12.

Da sie nun die Freiheit erhalten hatten, zu tun, was sie wollten, brachten sie Tag und Nacht mit Lesungen und im Gebet zu, so daß ihre Beharrlichkeit ein religiöser Wettstreit, ein Zeugnis des Glaubens und eine Arznei für ihr Leiden war. Während sie in diesem Gottesdienst verharrten, kamen viele Heiden, um den Pionius zu überreden; als sie aber diesen Mann reden hörten, hörten sie wunderbarerweise ihre eigene Strafpredigt, sie, die gekommen waren, ihn zu tadeln. Jene aber, die dort mit Gewalt festgehalten wurden, benetzten mit vielen Tränen, die sie stromweise vergossen, ihre Wangen[1], so daß keinen Augenblick die Seufzer aufhörten und daß in dem wiederholten Schluchzen nur wieder neue Trauer entstand, besonders bei jenen, die bisher immer in unbeflecktem

---

1 Richtige Lesart »genas«.

Rufe gestanden hatten. Als Pionius diese in
beständiger Trauer und im größten Schmer-
ze sah, sprach er unter Tränen also zu ihnen:

»Ich leide eine neue Art Strafe und werde so gepeinigt, als ob mir die Gelenke aller
Glieder auseinander gerissen würden, da ich
die Perlen der Kirche unter den Füßen der
Schweine liegen und die Sterne des Himmels
von dem Schwanz des Drachen bis zur Erde
herabgezogen, den Weinstock, den Gottes
Hand gepflanzt hatte, von einem einzigen
Schwein zerwühlt und von jedem Vorüberge-
henden nach Belieben abgerupft sehe. *Meine
Kinder, die ich neu gebäre, bis Christus in euch
ausgestaltet ist* [1], meine zarten Zöglinge, sind
harte Wege gegangen. Jetzt wird Susanna
von den Boshaften vor Gericht gestellt, von
gottlosen Ältesten überlistet; um der Schönheit der zarten und wohlgestalteten Frau zu
genießen, entkleiden sie dieselbe und sagen
mit lasterhafter Lüsternheit falsche Zeugnisse gegen sie aus. Jetzt höhnt und schweigt
Aman, während Esther und die ganze Ge-

1 Gal. 4, 19.

meinde beunruhigt wird; jetzt herrscht Hunger und Durst, nicht aus Mangel an Brot oder Wasser, sondern wegen der Verfolgung. Jetzt also, wo alle Jungfrauen eingeschlafen sind, haben sich die Worte des Herrn Jesu erfüllt: *Wo auf Erden wird der Menschensohn, wenn er kommt, Glauben finden können?*[1] Denn ich höre, daß ein jeder seinen Genossen verrät, damit erfüllt werde das Wort: *Der Bruder wird den Bruder zum Tode überliefern.*[2] Oder glaubt ihr, weil der Satan selbst uns verlangt und mit feuriger Hand seine Tenne reinigt[3], daß auch das Salz verdorben sei und von den Füßen der Menschen zertreten werde?[4] Niemand von euch, meine Kinder, glaube, daß Gott schwach geworden sei, sondern wir sind schwach geworden; er sagt: *Meine Hand ist nicht ermüdet zum Befreien und meine Ohren nicht betäubt, daß sie nicht hören*[5]. *Unsere Sünden trennen uns von Gott*[6], und daß er uns nicht erhört, macht nicht Christi Unbarmher-

1 Luk. 18, 8.
2 Matth. 10, 21.
3 Luk. 22, 31.
4 Matth. 5, 13.
5 Jes. 59, 1.
6 Jes. 59, 2.

zigkeit, sondern unsere Treulosigkeit. Denn
was haben wir nicht Übles getan? Wir haben
Gott vernachlässigt, einige haben ihn ver-
achtet, andere in Begierde und in Leichtsinn
gesündigt und sind an den Wunden, die sie
sich gegenseitig durch Anklage und Verrat
schlugen, zugrunde gegangen. Wir müßten
aber etwas mehr Gerechtigkeit haben als die
Schriftgelehrten und Pharisäer.«

B.

Ich höre nämlich, daß die Juden einige von euch in die Synagoge rufen. Weil der, welcher das tun wollte, in eine größere Sünde fiele, so seht wohl zu, daß nicht einer ein so unerlaubtes Verbrechen begehe, das gar nicht mehr vergeben werden kann, weil es zur Lästerung gegen den Heiligen Geist gehört.[1] Seid doch nicht wie die Fürsten von Sodoma und die Richter von Gomorrha, deren Hände von dem Blut der Unschuldigen, von dem Blut der Heiligen trieften. Denn wir haben weder Propheten getötet noch den Heiland überliefert. Doch wozu soll ich noch vieles erzählen? Erinnert euch nur an das, was ihr gehört habt. Denn ich habe erfahren, daß die Juden mit gottlosem Mund Lästerworte vorbringen, indem sie sich rühmen und mit eitlem Mund allerorten aus-

1 Matth. 12, 31.

streuen, der Herr Jesus Christus sei wie ein Mensch mit Gewalt zum Tode geführt worden. Sagt mir doch, ich bitte: Wie konnten denn die Jünger eines Menschen, der eines gewaltsamen Todes gestorben ist, so viele Jahre hindurch Teufel austreiben, und sie werden es auch noch tun?[1] Wie hätten denn so viele Jünger und so viele andere für den Namen eines gewaltsam getöteten Meisters freudigen Herzens schwere Leiden erduldet? Was soll ich noch andere Wunderdinge erwähnen, die sich in der katholischen Kirche zugetragen haben? Sie wissen nicht, daß nur jener böse und gewaltsam stirbt, der, des Lebens überdrüssig, mit eigener Hand und freiwillig aus diesem Leben scheidet. Doch das ist diesen gotteslästerischen Seelen noch keineswegs genug; sie sagen, daß der Herr Jesus Christus durch eine Totenbeschwörung mit dem Kreuz zum Leben zurückgekehrt sei, und alles, was die Schrift bei uns oder bei ihnen von Christus dem Herrn sagt, das verkehren sie mit gottloser

---

1 Darauf haben namentlich die Apologeten zum Beweis der Gottheit Christi oft hingewiesen.

Rede zur Lästerung. Sind nicht, die so reden, Sünder, Treulose, Gottlose?«

14.

Ich will nun wiederholen, was die Juden oft in meinen jungen Jahren vorbrachten, und will ihnen im folgenden zeigen, daß es eine Lüge ist. Es steht nämlich geschrieben[1]: Saul fragte die Wahrsagerin und sagte zu ihr: Erwecke mir den Propheten Samuel. Und das Weib sah einen Mann im Mantel emporsteigen. Saul glaubte, daß es Samuel sei, und fragte ihn das, was er zu hören wünschte. Wie denn? Konnte jene Wahrsagerin den Propheten auferwecken? Wenn sie das zugestehen, so bekennen sie damit, daß die Gottlosigkeit mehr als die Gerechtigkeit vermag; leugnen sie, daß das Weib ihn so zurückrufen konnte, so sind sie damit überführt, daß der Herr Je-

---

1 1 Sam. 28, 7 ff. Über die Wahrsagerin in Endor handeln auch Tertullian (de anima 57), Pseudo-Justin (quaest. et respons. ad orthodoxos quaest. 52, bei Migne p. gr. 6, 1295), Pseudo-Augustinus (de mirabilibus sacrae script. II 11, bei Migne p. lat. 35, 2179).

sus nicht so zum Leben zurückkehren konnte. So müssen sie in diesem Streit entweder den Rückzug antreten oder sie sind des Irrtums überführt. Der Beweis dafür ist folgender: Wie konnte der böse Geist einer Wahrsagerin die Seele des Propheten herbeirufen, die schon im Schoße Abrahams war und im Paradies ruhte, da doch immer das Schwächere vom Stärkeren überwunden wird? Ist also, wie sie glauben, Samuel zum Leben zurückgeführt worden? Keineswegs[1]. Wie liegt denn die Sache? Wie allen, die Gott reinen Herzens aufnehmen, die Engel beizustehen eilen, so dienen den Giftmischern, Beschwörern, Schwarzkünstlern oder denen, die in abgelegenen Gegenden unter dem Schein der Wahrsagung Unsinn verkaufen, die Teufel. Es sagte aber der Apostel[2]: *Wenn sich der Satan in einen Engel des Lichtes verwandelt;* es ist also nichts Großes, wenn auch seine Die-

---

1 Dieser Ansicht des Pionius sind auch die drei eben genannten Schriftsteller. Dagegen vertraten Josephus (ant. VI 330 ff.) und Origenes die Auffassung, daß Samuels Geist hier wirklich erschienen sei; ihr neigt auch der hl. Augustinus zu (de cura pro mortuis gerenda 15, 18); sie wird bei Sirach 46, 23 vorausgesetzt.

2 2 Kor. 11, 14.

ner eine andere Gestalt annehmen wie auch
der Antichrist sich für Christus ausgeben
wird. Darum ist auch Samuel nicht wirklich
zurückgeführt worden, sondern die Dämonen haben dem Weib und dem Sünder Saul
sich in seiner Gestalt gezeigt, was auch im
folgenden die Schrift bestätigt. Denn Samuel
sprach zu Saul: *Auch du wirst heute bei mir
sein.* Wie konnte der Götzen- und Teufelsdiener sich mit Samuel zusammenfinden? Wem
ist es nicht klar, daß Samuel nicht bei den
Ungerechten war? Wenn es also nicht möglich war, daß jemand die Seele des Propheten hervorrief, wie kann man dann glauben,
daß Christus der Herr, den die Jünger zum
Himmel auffahren sahen, für welches Zeugnis sie willig den Tod erlitten haben, durch
Zauberformeln aus der Erde und aus dem
Grab auferweckt worden sei? Wenn ihr ihnen das nicht entgegenhalten könnt, (so sagt
zu ihnen: Wie dem auch sei, wir sind besser
als ihr, die ihr ohne Notwendigkeit Unzucht
getrieben und Götzen angebetet habt.) Lernt
aus der Geschichte derer, die Übertreter und
Teufelsdiener geworden sind, freiwillig vollkommen und besser zu sein.«

15.

Als er das weit und breit auseinanderge-
setzt hatte und ihnen sofort den Tempel
zu verlassen befahl, kamen Polemon (der
Tempelwächter und der Reiteroberst Theophilus) mit einem großen Gefolge an und
riefen mit dröhnender Stimme: Euer Vorsteher (Euktemon) hat schon geopfert[1], und
nun hat die Obrigkeit verlangt, daß auch
ihr rasch zum Tempel kommet; (im Nemeseion werden euch Lepidus und Euktemon
fragen). Pionius antwortete ihm: Die, welche im Gefängnis festgehalten werden, haben nach dem Herkommen die Ankunft des
Prokonsuls abzuwarten. Was maßt ihr euch
etwas an, was einem anderen zusteht? Nach

---

1 Im griechischen Text wird an einer späteren Stelle (c. 18,
  13) gesagt, daß er selbst ein Schäflein in das Nemeseion
  (Heiligtum) brachte und davon aß, daß er ferner beim
  Glück des Kaisers und bei den Rachegöttinnen schwor
  und erklärte, er sei kein Christ mehr.

dieser Weigerung traten sie zurück und gingen wieder mit einer noch größeren Schar in den Kerker hinein. Darauf redete der Reiteroberst in hinterlistiger und versteckter Rede den Pionius an: Uns, die du hier anwesend siehst, hat der Prokonsul geschickt und befohlen, daß ihr nach Ephesus wandern sollt. Pionius entgegnete: Der Abgesandte soll kommen und wir werden ohne Säumen hinausgehen. Darauf kam der Hyparch oder, wie die Henker ihn nannten[1], der Turmarius, ein angesehener Mann, und sagte: Wenn du dich weigerst, den Befehlen zu gehorchen, wirst du zu fühlen bekommen, was für eine Gewalt ein Turmarius haben kann. Als er das redete, faßte er den Pionius so fest an der Gurgel, daß er nicht Atem schöpfen konnte; dann übergab er ihn seinen Dienern, um ihn wegzuführen; diese banden ihn so fest, daß er den Atem weder einziehen noch ausstoßen konnte. Er und die übrigen, auch Sabina, wurden zum Gerichtshof geschleppt und riefen mit lauter Stimme: Wir sind Christen.

---

1 Statt des vocabantur der Handschriften lese ich: eum
    vocabant.

Und wie die tun, welche ungern gehen, so warfen sie sich auf die Erde, damit ihre Leiber langsamer fortgeschleppt würden und ihr Zutritt zum Tempel erschwert werde. Den Pionius haben sechs Knechte teils getragen, teils gezogen. Und da ihre Schultern ermüdet waren und sie auf beiden Seiten schon nachließen, stießen sie mit den Fersen gegen seine Rippen, damit er ihnen die Last erleichtere oder von Schmerz überwunden ihnen folge. Doch ihre Roheit nützte nichts, und ihre Mißhandlung hatte keinen Erfolg; denn er blieb so unbeweglich, als wenn das Gewicht seines Körpers durch die Fersenstöße der Diener noch vermehrt würde. Als sie ihn bei all ihrer Anstrengung so unbeweglich sahen, forderten sie noch Hilfskräfte, um wenigstens durch die Zahl zu ersetzen, was an Kraft fehlte.

16.

Sie schleppten also den Pionius, der schrie, mit großen Freudenbezeugungen weg und stellten ihn wie ein Schlachtopfer vor den Altar, dort, wo der noch stand, von dem sie sagten, daß er kurz vorher geopfert habe. Da sagten die Richter (sagte Lepidus) mit strenger Stimme: Warum opfert ihr nicht? Jene antworteten: Weil wir Christen sind. Die Richter (Lepidus) fragten wiederum: Welchen Gott verehrt ihr? Pionius antwortete: Den, der den Himmel gemacht und mit Sternen geschmückt hat, der die Erde gegründet und mit Blumen und Bäumen geziert hat, der es so geordnet hat, daß die Meere die Erde umfließen, der ihnen auch Grenzen gesetzt und Ufer angewiesen hat. Da sagten jene (Lepidus): Meinst du den, der gekreuzigt worden ist? Und Pionius: Den meine ich, den der Vater für das Heil der Welt gesandt hat. Die Richter sagten untereinander, jedoch so, daß Pionius es hören konnte: Zwingen wir sie, zu reden[1]. Pionius sagte zu ihnen: Schämt euch vor den Gottesverehrern und übt wenigstens einigermaßen Gerechtigkeit, wo nicht, so tut nach euren Gesetzen. Warum handelt ihr gegen eure Gesetze, indem ihr nicht ausführt, was euch geboten ist? Denn es ist euch geboten, die, welche sich weigern, nicht zu vergewaltigen, sondern zu töten.

---

1 Statt dieses Satzes hat der griechische Text: Die Richter schrien laut auf, lachten und Lepidus fluchte ihm.

17.

ach diesen Worten sagte ein gewisser Rufinus, ein durch Beredsamkeit ausgezeichneter Mann: Sei ruhig Pionius! Was suchst du leeren Ruhm in eitler Prahlerei? Ihm antwortete Pionius: Hast du das aus deinen Geschichtsbüchern gelernt, zeigen dir das deine Handschriften? Solches hat der weise Sokrates von den Athenern nicht erlitten. Waren etwa Sokrates, Aristides und Anaxarchus[1] Toren, waren sie soldatischem Übermut, der Kriegskunst und nicht vielmehr den Gesetzen ergeben, sie, die ebenso beredt wie gelehrt waren? Sie haben nicht mit hochtrabenden Worten und Wetteifer im Reden den Ruhm der Beredsamkeit gesucht, sondern sind durch ihre philosophische Wissenschaft zur Gerechtigkeit, zur Bescheiden-

---

1 Der Philosoph Anaxarch aus Abdera, ein Schüler des Demokrit, begleitete den Alexander auf seinen Feldzügen.

heit und zur Mäßigung gelangt. Denn wenn es sich um das eigene Lob handelt, ist die Mäßigung ebenso zu loben, wie die Prahlerei häßlich ist. Als Rufinus diese Rede des Märtyrers gehört hatte, verstummte er, wie von einem Blitze getroffen.

18.

Einer aber, der eine hohe Stellung in der
Welt bekleidete, sagte: Schrei nicht so,
Pionius. Diesem entgegnete er: Sei nicht
heftig, sondern bereite den Scheiterhaufen,
damit wir freiwillig uns in die Flammen stür-
zen. Von einer anderen Seite sagte ein Unbe-
kannter[1]: Bedenkt, daß auch andere durch
seine Rede und sein Ansehen darin bestärkt
werden, nicht zu opfern. Darauf suchten sie
Kränze, wie sie die Heiden zu tragen pflegen, dem Pionius aufs Haupt zu setzen, die
er aber zerriß, so daß sie vor den Altären, die
sie zu schmücken pflegen, in Stücken lagen.
Dann kam ein Priester und trug an Spießen
warme Eingeweide herum, wie um sie dem
Pionius zu geben. Aber sofort wurde es ihm
leid; er wagte zu keinem hinzuzutreten und
stopfte die unreine Speise vor allen in seinen

---

1 Im griechischen Text heißt er Terentius.

eigenen Leib hinein. Als jene dann mit lauter Stimme riefen: Wir sind Christen, wußte man nicht, was man mit ihnen machen sollte, und während das Volk sie ins Gesicht schlug, wurden sie in den früheren Kerker zurückgebracht. Auf dem Wege dorthin taten ihnen die Heiden viel Spott und Schmach an. So sagte einer zu Sabina: Konntest du nicht in deinem Vaterland sterben? Sabina antwortete: Wo ist mein Vaterland? Ich bin des Pionius Schwester. Zu Asklepiades aber sagte der Veranstalter der Spiele (Terentius): Ich werde dich als einen Verurteilten zu den Fechterkämpfen begehren. Als Pionius in den Kerker trat, schlug ihn einer der Diener so heftig aufs Haupt, daß diesem selbst durch den Anprall Seiten und Hände in Geschwulst gerieten. Im Kerker aber sangen sie dem Herrn ein Danklied dafür, daß sie in seinem Namen bei dem katholischen Glauben verblieben waren.

19.

Nach wenigen Tagen kam der Prokonsul (Quintilianus) der Gewohnheit gemäß nach Smyrna zurück. Als ihm Pionius vorgestellt wurde, fing er also an, ihn zu verhören: Wie heißt du? Pionius antwortete: Pionius. Der Prokonsul: Opfere! Jener antwortete: Nein. Wiederum der Prokonsul: Von welcher Sekte bist du? Pionius antwortete: Von der katholischen. Der Prokonsul: Von welcher katholischen? Er antwortete: Ein Priester der katholischen Kirche. Wiederum der Prokonsul: Du warst ihr Lehrer? Jener: Ich lehrte. Wiederum der Prokonsul: Du warst ein Lehrer der Torheit. Jener antwortete: Vielmehr der Gottseligkeit. Der Prokonsul: Welcher Gottseligkeit? Er antwortete: Jener, welche auf den Gott gerichtet ist, der Himmel, Erde und Meer erschaffen hat. Wiederum der Prokonsul: Opfere also! Er antwortete: Ich habe den lebendigen Gott anzubeten gelernt. Darauf der Prokonsul: Wir verehren alle Götter, auch den Himmel und die darin sind. Was aber schaust du in die Luft hinein? Opfere! Jener antwortete: Ich schaue nicht in die Luft, sondern auf Gott, der die Luft gemacht hat. Der Prokonsul: Sag, wer hat sie gemacht? Jener antwortete: Ich darf ihn nicht nennen. Wiederum der Prokonsul: Du mußt den Jupiter nennen, der im Himmel ist, bei dem alle Götter und Göttinnen sind. Ihm also opfere, der aller Götter und des Himmels Herr ist.

20.

Als er aber schwieg, befahl der Prokonsul, ihn festzubinden, um, was er mit Worten nicht konnte, durch die Folter auszupressen. Als er nun auf der Folter lag, sagte der Prokonsul: Opfere! Er antwortete: Nein. Wiederum der Prokonsul: Viele haben geopfert, sind den Qualen entgangen und freuen sich des Lichtes; opfere! Er antwortete: Ich opfere nicht. Wiederum der Prokonsul: Opfere! Er antwortete: Nein. Der Prokonsul: Durchaus nicht? Er antwortete: Auf keine Weise. Der Prokonsul: In welcher Überzeugung gehst du so hochmütig dem Tod entgegen? Tu, was dir befohlen ist! Er antwortete: Ich bin nicht hochmütig, sondern ich fürchte den ewigen Gott. Der Prokonsul: Was sagst du? Opfere! Jener antwortete: Du hast gehört, daß ich den lebendigen Gott fürchte. Wiederum der Prokonsul: Opfere den Göttern! Er antwortete: Ich kann es nicht. Nach dieser klaren und

festen Willenserklärung des seligen Märtyrers hielt der Prokonsul lange Beratung mit
seinen Räten und wandte sich dann wieder
an Pionius: Du bleibst bei deinem Vorsatz
und gibst auch jetzt noch kein Zeichen von
Reue? Jener antwortete: Keines. Der Prokonsul: Du hast die Freiheit, reiflicher zu
überlegen und zu ermessen, was für dich zu
tun das Beste sei. Jener antwortete: Keineswegs. Darauf der Prokonsul: Weil du denn so
zum Tod eilst, sollst du lebendig verbrannt
werden. Und er ließ von einer Tafel das Urteil verlesen: Wir befehlen, daß Pionius, ein
Mann von gotteslästerlichem Sinn, der sich
als Christ bekannt hat, durch die rächenden
Flammen verbrannt werde, damit die Menschen abgeschreckt und die Götter gerächt
werden.

21.

So ging der große Mann, den Christen als Vorbild, den Heiden als Augenweide, nicht wie die andern zum Tode, nicht mit wankenden Schritten, zitternden Knien und gelähmten Gliedern. Nicht wurde sein Geist in der Vorahnung des Leidens bedenklich, und auch hinderte das übrige beim Herannahen der Todesschrecken seinen Schritt nicht, sondern in schnellem Gang, mit heiterem Angesicht, ruhigen Sinnes und entschlossenen Mutes schritt er zum Tode. Und als er beim Ziele angelangt war, entblößte er sich selbst, ehe noch der Aufseher es befahl; beim Anblick seines reinen und unbefleckten Leibes richtete er seine Augen zum Himmel und dankte Gott, daß er durch seine Frömmigkeit so bewahrt worden war. Angekommen am Scheiterhaufen, den heidnische Wut errichtet hatte, richtete er seine Glieder zurecht, um mit Balken-

nägeln angeheftet zu werden. Als das Volk[1]
ihn nun angenagelt sah, rief es aus Mitleid
oder auch aus Besorgnis: Geh in dich, Pionius, die Nägel werden weggenommen, wenn
du zu tun versprichst, was dir befohlen ist.
Darauf sagte er: Ich fühle die Wunden und
weiß wohl, daß ich angenagelt bin. Nach
einer Weile sagte er: Vor allem aus dem
Grunde leide ich den Tod, damit das ganze Volk erkenne, daß es eine Auferstehung
nach dem Tode gibt. Darauf wurden Pionius
und der Priester Metrodorus (aus der Sekte
der Markioniten) mit den Pfählen, an die sie
angenagelt waren, aufgerichtet, und es kam
Pionius zur Rechten, Metrodorus zur Linken
zu stehen, Augen und Herz gegen Osten ge-
wendet. Als nun Holz herangetragen wurde
und das Feuer durch untergelegte Nahrung
Kraft bekam und der brennende Scheiterhaufen in verheerender Flamme krachte,
betete Pionius mit geschlossenen Augen still
zu Gott um einen guten Tod. Gleich danach
sah er mit heiterem Blick das gewaltige Feuer an und hauchte mit dem Wort Amen seine

---

1 Im griech. Text heißt es: »der Henker … rief er«.

Seele aus, indem er seinen Geist dem empfahl, der ihm den verdienten Lohn zu geben,
von Seelen aber, die wegen ihrer Ungerechtigkeit verurteilt sind, Rechenschaft zu fordern versprochen hat, mit den Worten: Herr,
nimm meine Seele auf!

22.

Das ist das Ende des seligen Pionius, das Leiden des Mannes, dessen Leben immer unbefleckt und frei von jeder Schuld war, der eine reine Einfalt, einen festen Glauben und eine beständige Unschuld besaß, dessen Brust den Lastern verschlossen war, weil sie Gott offen stand. So eilte er durch die Finsternis zum Licht und durch die enge Pforte zu dem ebenen und weiten Gefilde. Der allmächtige Gott gab auch sofort ein Zeichen von seiner Krone; denn alle, die das Mitleiden oder die Neugierde dorthin geführt hatte, sahen den Leib des Pionius so, als ob er neue Glieder bekommen hätte. Er hatte erhobene Ohren, schönere Haare, einen jung aufsprossenden Bart; alle seine Glieder waren so wohlgestaltet, daß man ihn für einen Jüngling hielt; das Feuer hatte seinen Leib gleichsam verjüngt, ihm zur Ehre und zum Beweis der Auferstehung. Aus

seinem Angesicht lächelte eine wunderbare
Anmut, und viele andere Zeichen engelsglei-
chen Glanzes leuchteten an ihm, so daß es
den Christen Vertrauen, den Heiden aber
Furcht machte.

23.

Dieses ist geschehen, als Julius Proklus Quintilianus Prokonsul von Asien war, unter dem Konsulat des Kaisers Gajus Messius Quintus Trajanus Decius zum zweiten Mal und des Vettius Gratus, nach dem römischen Kalender am 11. März, nach asiatischer Zählung am 19. des sechsten Monates, an einem Sabbat, um die zehnte Stunde. Es ist aber so geschehen, wie wir es beschrieben haben, unter der Herrschaft unseres Herrn Jesu Christi, dem Ehre und Ruhm sei in alle Ewigkeit. Amen.

Die prokonsularischen Akten des heiligen Cyprian[1]

1.

In dem Jahre, als Kaiser Valerianus zum vierten Mal und Gallienus zum dritten Mal Konsuln waren[1], am 30. August, sagte zu Karthago im Verhörlokal der Prokonsul Paternus zum Bischof Cyprian: Die geheiligten Kaiser Valerianus und Gallienus haben gnädigst ein Schreiben an mich gerichtet mit dem Inhalt, daß diejenigen, welche die römische Religion nicht üben, doch die römischen Gebräuche anerkennen sollen. Ich frage dich daher nach deinem Namen, was antwortest du mir? Der Bischof Cyprian antwortete: Ich bin ein Christ und Bischof. Ich kenne keine andern Götter als den einen und wahren Gott, der Himmel und Erde und das Meer und alles, was darin ist, gemacht hat. Diesem Gott dienen wir Christen, zu ihm beten wir Tag und Nacht für uns und für alle

1 D. i. im Jahre 257.

Menschen, auch für das Wohl der Kaiser. Der
Prokonsul Paternus sagte: Verharrst du also
in dieser Gesinnung? Der Bischof Cyprian
antwortete: Eine gute Gesinnung, die Gott
anerkennt, ist unabänderlich. Der Prokonsul
Paternus sagte: Wirst du also nach dem Gebote des Valerianus und Gallienus als Ver-
bannter in die Stadt Kurubis gehen? Der
Bischof Cyprian antwortete: Ich gehe. Der
Prokonsul Paternus sagte: Nicht nur über
die Bischöfe, sondern auch über die Priester
haben die Kaiser mir zu schreiben geruht;
ich möchte daher von dir erfahren, welche
Priester sich in dieser Stadt befinden. Der
Bischof Cyprian antwortete: In euren Gesetzen habt ihr gut und heilsam die Angeberei
verboten. Darum wird auch von mir keiner
angegeben und verraten werden; sie können
aber in ihren Städten aufgefunden werden.
Der Prokonsul Paternus sagte: Ich halte heute an dieser Stelle Untersuchung. Cyprian
entgegnete: Da unsere Lehre verbietet, daß
sich einer selbst melde, und da dieses auch
deiner Auffassung entgegen ist, so können
sie sich nicht selbst stellen; aber wenn du
sie aufsuchst, wirst du sie finden. Der Pro-

konsul Paternus sagte: Ich werde sie finden, und fügte hinzu: Sie haben auch geboten, es sollen nicht an bestimmten Orten Zusammenkünfte stattfinden und man solle nicht in die Cömeterien gehen. Wer also dieses so heilsame Gebot nicht beobachtet, soll mit dem Tod bestraft werden. Der Bischof Cyprian entgegnete: Tu, was dir geboten ist.

2.

Darauf befahl der Prokonsul Paternus, den heiligen Bischof Cyprian in die Verbannung abzuführen. Als er dort lange verweilt hatte, folgte auf den Prokonsul Aspasius Paternus der Prokonsul Galerius Maximus, der den heiligen Bischof Cyprian aus der Verbannung zurückrufen und sich vorstellen ließ. Als nun Cyprian, der von Gott erwählte heilige Märtyrer, aus der Stadt Kurubis, in die er nach dem Befehl des damaligen Prokonsuls Aspasius Paternus verwiesen worden war, zurückgekehrt war, blieb er auf heiliges Geheiß in seinen Gärten und erwartete dort täglich, daß er aufgesucht werde, wie es ihm geoffenbart worden war. Als er dort weilte, kamen plötzlich am 13. September unter dem Konsulat des Tuskus und Bassus[1] zwei Offiziere zu ihm, der eine ein

1 D.i. im Jahre 258.

Amtsdiener des Prokonsuls Galerius Maximus, der andere von der berittenen Wache desselben Beamten. Sie nahmen ihn in ihren Wagen, setzten ihn in die Mitte und führten ihn nach Sexti[1], wohin derselbe Prokonsul Galerius Maximus sich zur Wiederherstellung seiner Gesundheit zurückgezogen hatte. Darum befahl auch der Prokonsul Galerius Maximus, den Cyprian für den folgenden Tag für ihn aufzubewahren. Für diese Zeit wurde der hl. Cyprian zu dem Offizier und Amtsdiener des erlauchten Prokonsuls Galerius Maximus geführt und blieb in seinem Haus in einem Dorf, welches Saturni heißt, zwischen Venerea und Salutaria. Dort kam eine ganze Schar von Brüdern zusammen. Als der heilige Cyprian dies erfuhr, befahl er, die Mädchen zu bewachen, weil alle im Dorf vor der Türe des Hauses des Offiziers blieben.

---

1 Diese Villa des Prokonsuls hatte wohl davon ihren Namen, daß sie am sechsten Meilenstein lag.

3.

Am folgenden Tag, dem 14. September, kam früh viel Volk in Sexti zusammen nach der Anordnung des Prokonsuls Galerius Maximus. Derselbe Prokonsul Galerius Maximus ließ am gleichen Tag den Cyprian vor sich führen, als er im Vorhof Sauciolum zu Gericht saß. Als er gebracht worden war, sagte der Prokonsul Galerius Maximus zum Bischof Cyprian: Bist du Thascius Cyprianus? Der Bischof Cyprian antwortete: Das bin ich. Der Prokonsul Galerius Maximus fragte: Du hast dich Menschen von gotteslästerischem Sinn zum Papas hingegeben? Der Bischof Cyprian antwortete: Ja. Der Prokonsul Galerius Maximus sagte: Die geheiligten Kaiser haben dir befohlen zu opfern. Der Bischof Cyprian antwortete: Das tu ich nicht. Galerius Maximus sagte: Überlege es dir! Der Bischof Cyprian antwortete: Tu, was deine Pflicht ist; in einer so gerechten Sache ist nichts zu überlegen.

4.

Nachdem Galerius Maximus sich mit seinen Räten besprochen hatte, fällte er
mit Widerwillen das Urteil etwa in folgen-
dem Wortlaut: Du hast lange mit verbreche-
rischem Sinne gelebt, hast viele Menschen
in deine gottlose Verschwörung hineingezogen und hast dich zum Feind der römischen
Götter und der heiligen Gesetze gemacht;
auch haben dich die frommen und geheiligten Fürsten, die Kaiser Valerianus und
Gallienus und der erlauchte Cäsar Gale-
rianus nicht zur Gemeinschaft ihrer Religi-
onsgebräuche zurückführen können. Darum
sollst du, nachdem du als der Urheber und
Bannerträger der gemeinsten Verbrechen
gefaßt worden bist, denen zum warnenden
Beispiel werden, die du in deine Freveltat
hineingezogen hast; dein Blut soll die Wei-
he für das Gesetz sein. Als er das gesagt hatte, las er von einer Tafel das Urteil: Thascius

Cyprianus soll mit dem Schwert hingerichtet werden. Der Bischof Cyprian sagte: Gott
sei Dank!

5.

Nach diesem Urteilsspruch rief eine Menge der Brüder: Auch wir wollen mit ihm enthauptet werden. Darüber entstand eine Bewegung unter den Brüdern und viele folgten ihm nach. Und so wurde Cyprian auf das zum Landgut Sexti gehörige Feld hinausgeführt, legte dort seinen Mantel ab, kniete nieder und brachte, zur Erde hingestreckt, sein Gebet dar. Als er sich darauf auch noch seiner Dalmatik entledigt und sie den Diakonen übergeben hatte, stand er im bloßen Linnen da und erwartete den Scharfrichter. Als der Scharfrichter kam, befahl er den Seinigen, ihm 25 Goldstücke zu geben. Leintücher aber und Handtücher wurden von Brüdern vor ihm her getragen; darauf hat der selige Cyprian mit eigener Hand sich die Augen verbunden. Da er aber die Binden an seine Hände nicht selbst anlegen konnte, haben ihm der Priester Julianus und der Subdiakon Julianus die Hände verbunden. So hat der heilige Cyprian sein Leiden vollendet; sein Leib aber wurde wegen der Neugierde der Heiden in der Nähe hingelegt. Von dort ist er bei Nacht erhoben und mit Wachslichtern und Fackeln zu der Begräbnisstätte des Prokurators Makrobius Kandidianus, die am Wege von Mappalia bei den Fischteichen ist, unter Gebet und in großer Feierlichkeit überführt worden. Wenige Tage danach ist der Prokonsul Galerius Maximus gestorben.

6.

Es litt aber der seligste Märtyrer Cyprian am 14. September unter den Kaisern Valerianus und Gallienus und unter der Herrschaft unseres Herrn Jesu Christi; ihm sei Ehre und Ruhm in alle Ewigkeit. Amen.

Literatur

AMELING, WALTER (Hg.), Märtyrer und Märtyrerakten, Stuttgart 2002.

BALTZER, KLAUS, Die Biographie der Propheten, Neukirchen-Vluyn 1975.

BARNES, TIMOTHY D., Pre-Decian Acta Martyrum, in: Journal of Theological Studies 19 (1968), S. 509–531.

BAUMEISTER, THEOFRIED, Die Anfänge der Theologie des Martyriums, Münster 1980.

BAUMEISTER, THEOFRIED, Genese und Entfaltung der altkirchlichen Theologie des Martyriums (Traditio Christiana 8), Bern 1991.

BAUMEISTER, THEOFRIED, Märtyrer und Verfolgte im frühen Christentum, in: Concilium 19 (1983), S. 169–173.

BINDER, TIMON, Semen est sanguis Christianorum. Literarische Inszenierungen von Macht und Herrschaft in frühchristlicher Passionsliteratur, Berlin 2005.

Bisbee, Gary A., Pre-Decian Acts of Martyrs and Commentarii, Philadelphia 1988.

Bommes, Karin, Weizen Gottes. Untersuchungen zur Theologie des Martyriums bei Ignatius von Antiochien (Theophania 27), Köln, Bonn 1976.

Bowersock, Glen W., Martyrdom and Rome, Cambridge 1995.

Boyarin, Daniel, Dying for God. Martyrdom and the Making of Christianity and Judaism, Stanford 1999.

Bremmer, Jan, »Christianus sum«. The Early Christian Martyrs and Christ, in: Bartelink, G. J. H., Hillhorst, A. (Hg.), Eulogia. Mélanges offerts à Antoon A.R. Bastiaensen, Den Haag 1991, S. 11–20.

Brox, Norbert, Zeuge und Märtyrer. Untersuchungen zur frühchristlichen Zeugnisterminologie (StANT 5), München 1961.

Butterweck, Christel, »Martyriumssucht« in der Alten Kirche? Studien zur Darstellung und Deutung frühchristlicher Martyrien (Beiträge zur Historischen Theologie 87), Tübingen 1995.

Cardman, Francine, Acts of Women Martyrs, in: Scholer, David E. (Hg.): Women in

Early Christianity, New York 1993, S. 98–104.

DELEHAYE, HIPPOLYTE, Les passions des martyrs et les genres littéraires, Brüssel ²1966.

DROGE, ARTHUR J.,TABOR, JAMES D., A Noble Death: Suicide and Martyrdom among Ancient Jews, Christians, Greeks and Romans, San Francisco 1989.

FERGUSON, EVERETT, Early Christian Martyrdom and Civil Disobedience, in: Journal of Early Christian Studies 1 (1993), S. 73–83.

FREND, WILLIAM H.C., Martyrdom and Persecution in the Early Church. A Study of Conflict from the Maccabees to Donatus, Oxford 1965.

HAGEMEYER, ODA, Ich bin Christ. Frühchristliche Märtyrerakten, Düsseldorf 1961.

KARPINSKI, P., Annua dies dormitionis. Untersuchungen zum christlichen Jahrgedächtnis der Toten auf dem Hintergrund antiken Brauchtums (EHS.T 300), Frankfurt, Berlin, New York 1987.

KLAWITER, FREDERICK, The Role of Martyrdom and Persecution in Developing the Priestly Authority of Women in Early Christianity. A Case Study of Montanism, in: Church History 49 (1980), S. 251–261.

KÖTTING, BERNHARD, Die Stellung des Konfessors in der Alten Kirche, in: Ders. (Hg.): Ecclesia perigrans. Das Gottesvolk unterwegs I (Münsterische Beiträge zur Theologie 54), Münster 1987, S. 122–144.

KRIEGBAUM, BERNHARD, Die verfolgte Kirche der Frühzeit, in: Internationale katholische Zeitschrift 16 (1987), S. 110–121.

LAMBERIGTS, M./VAN DEUN, P. (HG.), Martyrium in Multidisciplinary Perspective. Memorial L. Reekmans (BEThL 117), Leuven 1995.

LÜHRMANN, DIETER, Superstitio. Die Beurteilung des frühen Christentums durch die Römer, in: Theologische Zeitschrift 42 (1986), S. 193–213.

MICHEL, OTTO, Prophet und Märtyrer (BFChTh 37,2), Gütersloh 1932.

MÜHLENBERG, EKKEHARD, The Martyr's Death and its Literary Presentation, in: Studia Patristica 29 (1997), S. 85–93.

MUSURILLO, HERBERT, The Acts of the Christian Martyrs, Introduction, Text and Translation, Oxford 1972.

PELLEGRINO, MICHELE, L'imitation du Christ dans les actes des martyrs, in: VS 98 (1958), S. 38–54.

SAXER, VICTOR, Bible et Hagiographie. Textes et thèmes bibliques dans les Actes des martyrs authentiques des premiers siècles, Bern, Frankfurt, New York 1986.

SCHWEMER, ANNA M., Prophet, Zeuge und Märtyrer. Zur Entstehung des Märtyrerbegriffs im frühen Christentum, in: Zeitschrift für Theologie und Kirche 96 (1999), S. 320–350.

SHAW, BRENT, Body, Power, Identity. Passions of the Martyrs, in: Journal of Early Christian Studies 4 (1996), S. 269–312.

SLUSSER, MICHAEL, Art. Martyrium III. Christentum, in: TRE 22 (1992), S. 207–212.

SORDI, MARTA, The Christians in the Roman Empire, London 1983.

STECK, ODIL H., Israel und das gewaltsame Geschick der Propheten (WMANT 23), Neukirchen-Vluyn 1967.

STÖVER, HANS-DIETER, Christenverfolgung im Römischen Reich, Eltville a. Rh. 1990.

TABBERNEE, WILLIAM, Early Montanism and Voluntary Martyrdom, in: Colloquium: The

Australian and New Zealand Theological Review 19 (1985), S. 33–44.

TILLY, MICHAEL, Johannes der Täufer und die Biographie der Propheten (BWANT 137), Stuttgart, Berlin, Köln 1994, S. 236–247.

VAN HENTEN, JAN WILLEM (Hg.), Die Entstehung der jüdischen Martyrologie (StPB 38), Leiden u. a. 1989.

VITTINGHOFF, FRIEDRICH, Christianus sum. Das »Verbrechen« von Außenseitern der römischen Gesellschaft, in: Historia 33 (1984), S. 331–357.

VON CAMPENHAUSEN, HANS, Die Idee des Martyriums in der Alten Kirche, Göttingen ²1967.

WOOD, DIANA (Hg.), Martyrs and Martyrologies. Papers Read at the 1992 Summer Meeting and the 1993 Winter Meeting of the Ecclesiastical History Society, Oxford 1993.